精忠報國

U0037644

大旗出版
BANNER PUBLISHING

楊貴妃

圖說歷史故事

隋唐五代兩宋

前言

　　親愛的讀者，你們一定都很喜歡聽故事。實際上，所有的故事都可以歸為兩大類。一類是實實在在發生過的，一類是人們想像出來的。人們想像出來的故事，我們叫它童話故事、寓言故事、神話故事、傳說故事。當然，你也可以叫它上天入地故事、妖怪打架故事、蜜蜂蝴蝶故事等等，隨你樂意。然而實實在在發生過的故事，我們只能叫它「歷史故事」。

　　中華民族擁有五千年的歷史。五千年間發生過多少驚人、感人、迷人、駭人的故事！石破天驚的巨變，腥風血雨的災難，臥薪嚐膽的修煉，嘔心瀝血的追求，山高水長的情誼，出泥不染的潔淨……它們個個可歌可泣，令人永生難忘，而從這些故事中，又走出多少活生生的歷史人物。充滿智慧的姜子牙，叱吒風雲的楚霸王，氣節如虹的蘇武，料事如神的諸葛亮，精忠報國的岳飛，大義凜然的文天祥，勇抗倭寇的戚繼光，遠渡重洋的鄭和……他們個個可敬可愛，令人蕩氣迴腸。所有這些故事和人物，對一代又一代的子子孫孫產生了巨大影響。它們所呈現的內在精神，已經溶化在我們的血液中，成為中華民族文化傳統的一部分。

　　有趣的歷史故事就像一粒粒珍珠，散落在廣闊的時間長河中。這套《圖說歷史故事》，則撿取了歷史長河中最大、最亮、最惹人喜愛的80顆珍珠，編綴成4條閃光的項鏈，獻給所有熱愛歷史與文化的讀者，特別是喜歡聽故事、讀故事的孩子們。它的語言簡練流暢，故事情節曲折有趣，對眾多歷史人物有生動的刻畫，對歷史的發展脈絡也有清楚的交代。

　　特別值得一提的是本書的插圖。它以傳統繪畫技法為主，畫面大，色彩豐富，構圖變化多端。在描繪不同朝代的建築、器物和服飾時，作者查閱了大量資料，以求具有歷史根據。其人物造型，則注重表現個性，動作活靈活現。可以說，本書243幅精美的插圖，不僅為不同故事營造了不同的歷史環境氛圍，它們本身也是值得欣賞的藝術品。

　　聽想像故事，能讓人感受快樂，享受美好童年；讀歷史故事，會使人變得智慧、勇敢，進而培養永不言敗的堅強人格。看到這本文圖雙工的《圖說歷史故事》，你一定會愛不釋手！

目 錄

楊廣奪位

肥水之戰使前秦元氣大傷，政權很快瓦解。西元436年，鮮卑族首領拓跋矽建立的北魏政權統一了北方地區。此後，中國北方經歷了北魏、東魏、北齊、西魏和北周5個朝代。與此同時，中國南方自東晉滅亡後，又經歷了宋、齊、梁、陳4個朝代。

西元581年，北周大將楊堅推翻北周政權，建立隋朝。西元589年，隋文帝楊堅派兵攻克建康城，俘獲了陳後主。陳朝的滅亡，結束了中國自東晉以來270多年的分裂局面，南北重新統一。

隋文帝治國有方，隋朝政治清明，經濟繁榮，國勢強盛。可是後來皇位繼承人的選擇出了問題，隋朝因此成為只傳了兩代的短命王朝。

隋文帝本來立大兒子楊勇為太子，可是被封為晉王的二兒子楊廣奸詐陰險，詭計多端，時時圖謀取代楊勇的太子位置。隋文帝崇尚節儉，楊廣便處處做出不好聲色，生活簡樸的樣子，以討取父親的歡心。對獨孤皇后，楊廣更是恭敬得不得了，凡是皇后派來的人，不論地位高低，他和妻子都親自設宴招待。他還想辦法去結交、籠絡執掌權力的大臣。這樣，大臣們都說他仁義厚道，皇后也對他更加疼愛。

楊勇卻糊塗任性。他因為生活奢侈，漸漸失去父親的歡心；又因為寵愛一個美麗的姬妾受到了母親的冷落——獨孤皇后最痛恨的就是男人寵愛小老婆。所以太子的地位越來越不穩固。

楊廣覺得有機會了，便加緊動作。有一次，楊廣要離開京城，回到他鎮守的揚州。臨行前他去向母親告別，故意裝出難捨難分的樣子，一把鼻涕一把眼淚地說自己並沒有得罪太子，但太子非要害死他不可，他怕再也見不到母后了。獨孤皇后一聽，也禁不住哭了，一邊安慰楊廣，一邊狠狠發話：太子無才無德，一定要廢掉他！

可是，廢立太子是國家的頭等大事，不用陰險毒辣的手段就不可能成功。楊廣一回到揚州，就向他的心腹宇文述詢問計謀。狡猾的宇文述說：「能讓皇上廢掉楊勇的只有一個人，那就是越國公楊素。楊素最信任他的弟弟楊約，我恰好和楊約有交情。可以到京城和他一起計劃一下。」楊廣非常高興，立即讓宇文述帶了許多奇珍異寶，到長安去進行。

宇文述到了長安，請楊約喝酒。他知道楊約最愛古董，便事先把帶來的珍寶擺放在顯眼的地方。果然，楊約一看見就被吸引住了，放下這件又拿起那件，愛不釋手。酒後兩人下棋，宇文述提出用這些珍寶做賭注。他故意連輸幾局，一大半珍寶都歸了楊約。楊約樂得合不攏嘴，宇文述趁機說：「這些東西都是晉王讓我送給你的。」楊約十分吃驚，忙問這是什麼意思。

宇文述不慌不忙，先說了楊廣的一大堆好處，然後轉入正題：「你們兄弟長時間執掌大權，得罪了許多人，尤其是太子，對你們恨得咬牙切齒。一旦皇上歸天，太子即位，你們就不害怕？」楊約忙問：「你有什麼高見？」宇文述貼在他的耳邊說：「現在皇上和皇后都有意廢掉太子，改立晉王。這就全仗你兄長的一句話了。事成之後，晉王必定會對你們兄弟感激不盡，天大的富貴在等著你呢，這點小古董又算什麼！」一席話說得楊約不住地點頭，答應儘快去勸說兄長。

楊約見到哥哥，添油加醋地轉述了宇文述的意思。楊素被他說得也動了心，還直誇楊約想得周到深遠，並答應及早動手，以免自家大禍臨頭。

幾天後，越國公楊素見到皇后，一個勁兒地誇讚楊廣仁孝恭儉，很像當今皇上。獨孤皇后面露欣慰，可是聽著聽著又掉下淚來，大罵太子無才無德。楊素摸準了皇后的心思，趁機說了太子不少壞話。兩人一拍即合，加緊了廢立太子的行動。

楊素和皇后玩弄陰謀，終於使隋文帝相信太子對他心懷怨恨，須多加提防。於是隋文帝如臨大敵，暗中派了許多人監視楊勇。

接著，楊廣又收買了太子的親信姬威，讓他向隋文帝揭發說：「太子曾經找人算卦，然後高興地說，開皇十八年皇上必死，我即位的日子眼看就要到了！」隋文帝十分傷心，流著淚說：「想不到太子這樣狠毒啊！」於是下令把楊勇抓起來，並在西元600年下詔書，另立楊廣為太子。

4年以後，隋文帝得了重病。楊廣巴不得父親早死，自己早日登基，就寫信向楊素問計。楊素把計謀寫好，沒想到這封信被錯送到隋文帝手裡。隋文帝看後勃然大怒，很後悔立了楊廣這個奸惡之人，可是事到如今，一切都由不得他了。正在這時，隋文帝寵愛的陳夫人氣喘吁吁地跑來，哭著說：「太子無禮！」原來楊廣見陳夫人漂亮聰慧，早就垂涎三尺，現在見文帝活不長了，就趁陳夫人換衣服時跑去調戲她。隋文帝氣得拍床大叫：「無恥的畜生！他怎麼能擔當治國大任！快去叫我的兒子！」身邊的大臣柳述、元岩正要去召楊廣，隋文帝連連擺手，臉憋得通紅，半天才說出話來：「楊勇！」二人連忙去起草聖旨，召楊勇入宮。

楊素很快得到了消息，立即派人叫來楊廣，兩人合謀，先假傳聖旨逮捕了柳述和元岩，同時派兵守住大殿內外，把宮裡的人都關進一間屋子。接著，楊廣讓自己的親信張衡去「侍侯」皇上。張衡暗藏匕首闖進皇帝的寢宮，殺死了隋文帝。外面的人們只聽到一聲慘叫，然後半天沒有聲息。過了一會兒，只見張衡從宮中奔跑出來，大聲宣佈說：「皇上已經升天了！」人們都大驚失色，明白皇帝是被害死了，可是誰也不敢說什麼。

隨後，楊廣派楊約假傳聖旨，勒死了楊勇。陳夫人以爲自己也活不成了，沒想到楊廣給她送來一個金盒子，裡面裝著幾枚同心結。這時的楊廣完全暴露出他荒淫奢侈的醜惡嘴臉，恨不得把父皇後宮裡的美人統統收歸自己所有。

不久，楊廣便登上了皇帝寶座——他就是歷史上有名的暴君「隋煬帝」。

瓦崗烽煙

楊廣當了皇帝以後，一改隋文帝廉潔、儉樸、愛民的作風，開始大肆鋪張，盡情享樂。

他一上臺就下令營建東都洛陽，修建了高大華麗的宮殿和佔地2000多畝的大花園。緊接著又強令百萬民夫挖掘大運河。他乘船巡遊江南時的奢侈豪華更是自古未有，龐大的皇家船隊在運河裡綿延不斷，竟達200多里！隋煬帝還連續3次發動對高麗（在今朝鮮半島）的戰爭，徵調人民在海口造船。工匠們不分晝夜地站在水裡工作，腰部以下都腐爛生了蛆。無數的人被奪去了性命。為了逃避繁重的徭役、兵役，許多人甚至砍掉自己的手腳，自願變成殘廢。

老百姓苦不堪言，忍無可忍，終於起來反抗了。西元611年，長白山農民首先起義，各地農民紛紛響應。經過幾年戰鬥，各路農民軍逐漸匯合成3個強大的起義軍集團，即翟（音ㄓㄞˊ）讓、李密領導的河南瓦崗軍，竇建德領導的河北軍，杜伏威領導的江淮軍。其中聲勢、影響最大的，要數瓦崗軍。

瓦崗在今天河南滑縣南邊，地形複雜，林木繁茂。翟讓原是縣裡的一名小官，因為得罪了上司，被關進監牢。管監獄的人佩服他是條漢子，偷偷把他放了。翟讓便帶著哥哥、侄子等人上了瓦崗，招集破產農民，舉起

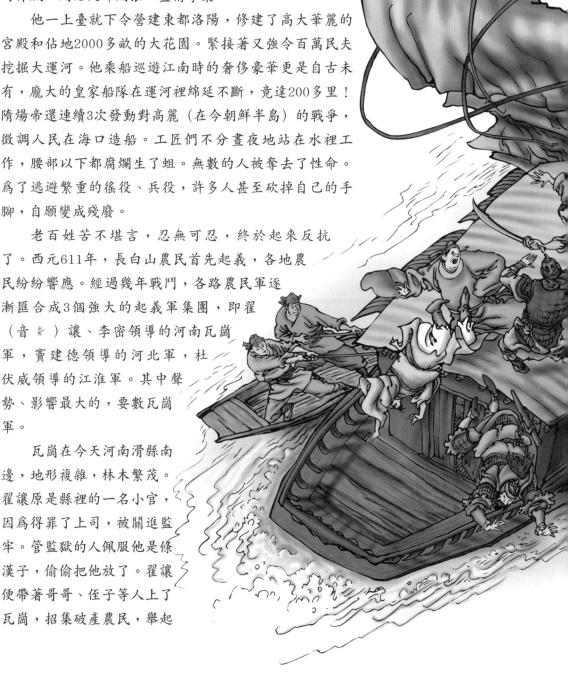

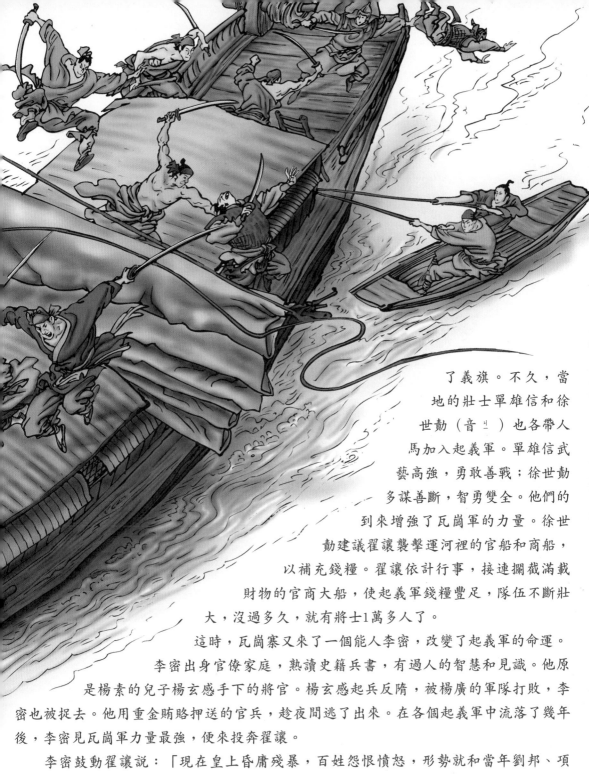

了義旗。不久，當地的壯士單雄信和徐世勣（音ㄐㄧ）也各帶人馬加入起義軍。單雄信武藝高強，勇敢善戰；徐世勣多謀善斷，智勇雙全。他們的到來增強了瓦崗軍的力量。徐世勣建議翟讓襲擊運河裡的官船和商船，以補充錢糧。翟讓依計行事，接連攔截滿載財物的官商大船，使起義軍錢糧豐足，隊伍不斷壯大，沒過多久，就有將士1萬多人了。

這時，瓦崗寨又來了一個能人李密，改變了起義軍的命運。

李密出身官僚家庭，熟讀史籍兵書，有過人的智慧和見識。他原是楊素的兒子楊玄感手下的將官。楊玄感起兵反隋，被楊廣的軍隊打敗，李密也被捉去。他用重金賄賂押送的官兵，趁夜間逃了出來。在各個起義軍中流落了幾年後，李密見瓦崗軍力量最強，便來投奔翟讓。

李密鼓動翟讓說：「現在皇上昏庸殘暴，百姓怨恨憤怒，形勢就和當年劉邦、項羽起兵滅秦的時候一樣。憑您的才幹和精銳的兵馬，完全可以席捲二京（指長安、洛

陽），滅亡隋朝啊！」翟讓等人造反只是為了活命，根本沒想到要打天下做皇帝。李密的話使他們大開眼界，大家對李密十分欽佩。

　　李密見河南的起義軍各自為戰，容易被各個擊破，就說服附近的許多小股義軍歸到翟讓旗下。瓦崗軍人馬越來越多，糧食成了問題。李密說：「滎陽糧食很多，我們要是打下了它，就可以在那裡休整，然後再想辦法向外發展。」翟讓覺得很有道理，就出兵進攻滎陽，並很快打下附近的幾個縣。大家正在高興，忽然有消息說楊廣派張須陀帶領大軍來救滎陽。張須陀是隋朝有名的猛將，打仗非常厲害，長白山的起義軍就是被他鎮壓的。他還幾次打敗過翟讓。所以，瓦崗軍一聽說張須陀來了，上下都很慌張。

　　李密卻說：「張須陀有勇無謀，又經常打勝仗，一定很驕傲。我們可以用計破他！」他請翟讓領兵前去迎戰，自己帶領一支部隊，埋伏在大海寺北邊的一處樹林裡。

張須陀根本不把翟讓放在眼裡。翟讓也真的好像不堪一擊，兩軍一接觸，他就敗退下去。張須陀哪裡肯放，緊緊追趕上來。追到大海寺的北邊時，突然喊聲大作，埋伏在這裡的瓦崗軍殺了出來。翟讓也回頭一陣猛衝。張須陀被圍困，急忙下令撤軍，可是退路早被截斷。隋軍亂成一團，被殺得屍橫遍野，張須陀也送了命。

　　瓦崗軍終於取得了起義以來的第一次大勝利，從此聲威大震。

　　西元617年春天，河南發生了嚴重的春荒，成千上萬的飢民四處流落，每天都有許多人餓死。隋朝政府設在河南的大糧倉有好幾個，僅洛口倉內就有3000個大窖，每個窖裡

儲藏著8000石糧食，卻不肯開倉放糧，賑濟災民。於是李密建議趁隋煬帝外出巡遊，洛陽空虛，攻打河南的洛口倉，將得到的糧食救濟災民，以擴大影響力，使更多的人加入瓦崗軍。

翟讓同意了李密的建議。他和李密帶領7000精兵，激戰後佔領了巨大的洛口糧倉。李密命人打開倉門，讓飢餓的農民們自己進去拿米。老百姓無不歡欣鼓舞，熱烈擁護瓦崗軍，紛紛要求加入起義的隊伍。瓦崗軍很快發展到幾十萬人。

翟讓看到李密很有政治眼光，又屢建奇功，就把瓦崗軍的領導權讓給了他。李密自稱「魏公」，兼任「行軍元帥」，將洛口城作為大本營，建立了政權。瓦崗軍同時發佈了討伐隋煬帝的檄（音ㄒㄧ）文。文告中說：「用盡南山的竹子，寫不完他的罪狀；用盡東海的清水，洗不清他的惡行！」號召民眾起來推翻隋王朝。

瓦崗軍的聲勢越來越大，南北起義軍紛紛前來歸附，李密成了中原義軍的領袖。在起義軍的猛烈攻擊下，隋朝的統治土崩瓦解，許多地方官也起兵反對隋煬帝。隋朝大將宇文化及趁機發動兵變，殺死了楊廣。

可是就在隋王朝的統治即將垮臺的時候，瓦崗軍內部卻出了事。由於起義軍節節勝利，李密驕傲自大起來。瓦崗軍的一些元老對他很不滿，紛紛鼓動翟讓奪回李密手裡的大權。翟讓講義氣顧大局，並沒有多想。李密卻怕翟讓來搶權，就在一次精心佈置的宴會上痛下毒手，謀殺了翟讓兄弟及其親信，還把徐世勣砍成重傷。這次內訌破壞了瓦崗軍的團結，損傷了李密的威信，軍心開始瓦解。

後來，李密與隋朝大官僚王世充的軍隊在洛陽附近展開拉鋸戰，最終戰敗。李密走投無路，投降了李淵的唐軍。轟轟烈烈的瓦崗起義終於失敗了。

太 原 起 兵

農民大起義爆發後，隋煬帝派唐國公李淵到太原做留守，鎮壓當地的農民起義，並防衛突厥人的入侵。李淵看到起義軍越打越多，越打越強，隋朝政權已在風雨飄搖中，心裡很矛盾，不知該何去何從。隋煬帝對李淵並不放心，他另外又任命了兩個親信王威、高君雅做太原副留守，監視李淵。李淵很害怕，經常借酒澆愁。

李淵的二兒子李世民剛剛18歲，是個志向高遠、有膽有識的英武青年，也駐守在太原。面對天下大亂的形勢，他意識到隋朝已經無藥可救，此時正是轟轟烈烈做一番大事業的時機。於是他多方結交英雄豪傑，和許多有本領的人成了朋友。晉陽縣令劉文靜便是其中之一。

劉文靜是李密的姐夫，李密參加反隋起義軍後，他受牽連被關進監獄。李世民到監牢去看他。劉文靜故意嘆氣說：「如今天下大亂，恐怕沒有漢高祖、漢武帝這樣的人才來安定天下了。」

李世民說：「我冒險來探望你，就是要和你商量大事呀！」劉文靜說：「現在皇上南巡江淮，李密領兵逼近東都，各地都有人造反，正是起兵的好機會。我在這裡做了幾年縣令，知道這一帶有許多英雄豪傑。這些人招集起來就是10萬人馬，加上你父親的幾萬人，可乘虛而入打進關中，奪取江山！」李世民聽了非常高興，說：「這正合我的心意。只是父親是朝廷命官，不會輕易起兵反隋，這該怎麼辦呢？」劉文靜讓李世民把耳朵湊近來，悄悄給他出了個主意。

晚上，李世民壓低聲音對父親說：「現在皇上暴虐，民不聊生，我們不如順民心，興義兵，這真是天賜的好機會呀！」李淵一聽，果然大吃一驚，罵道：「畜生，你怎麼敢說這種話！小心我帶你去報官！」李世民的試探只能到此為止。

李淵嘴上狠狠訓斥了李世民，心裡卻不得不承認兒子說得對。他是隋朝高官，早已在官場上混得

老奸巨滑，雖然對時局看得很清楚，知道如今天下大亂，正是憑藉實力搶奪天下的好機會，但他行事小心謹慎，生怕輕舉妄動招來大禍，所以當頭潑了一盆冷水，讓熱血沸騰的李世民冷靜下來。

晉陽宮是隋煬帝的一處行宮，雖然隋煬帝並不常來，設備卻也一切俱全，禁衛軍、宮監、宮女等一年到頭都得預備著。副監裴寂和李淵交情不錯，兩人經常在一起喝酒。李世民派親信帶了很多錢去和裴寂賭博，故意把錢全輸給了他。裴寂明白這筆錢是李世民送的，心裡非常感激。兩人關係越來越密切，彼此無話不談。

有一天，趁裴寂玩得正高興，李世民把自己的打算告訴了他，請他想辦法讓父親下決心起兵反隋。裴寂明白隋朝已經走上了絕路，李淵不會久居人下，在這天下大亂的時候，他不保證就是「一塊能下雨的雲」，於是滿口答應。

裴寂請李淵到晉陽宮喝酒。李淵心裡不暢快，沒喝多少就醉得不省人事。裴寂把他扶到一間臥室裡，又偷偷地讓兩個漂亮的宮女陪他過夜。第二天早晨，李淵酒醒，突然發現身邊竟然躺著兩個宮女，不禁大吃一驚！心想，皇上若知道這件事，那真是跳進黃河也洗不清啊！急忙將兩個宮女打發走了，一個人呆呆地發愣。

從此以後，李淵一想到宮女的事就渾身出汗，憂愁得吃不下，睡不好，生怕走漏風聲招來大禍。可是沒過幾天，裴寂就氣急敗壞地跑來對李淵說：「壞了壞了！我送你兩個宮女的事洩露出去了！」李淵登時嚇出一身冷汗，哆哆嗦嗦地說：「私佔皇帝宮女是滅族大罪，這可怎麼好哇？」裴寂見他嚇得目瞪口呆，不慌不忙地說：「二公子正在暗中招兵買馬，準備起義，就是怕這事敗露全家人被殺啊！」李淵沉思了好久，才無可奈何地說：「事情到了這種地步，也只有儘早下手拼一拼了。」嘴上雖這樣說，心裡卻還在猶豫。

恰在這時，突厥兵又來侵擾邊境，李淵派兵抵抗，卻不斷吃敗仗。有消息說皇帝很生氣，已經派人來抓他治罪。李淵心裡更慌了。

這一天，李淵正焦躁地在屋裡走來走去，李世民闖了進來，十分大膽地說：「父親，大禍臨頭了！若不當機立斷，只怕後患無窮啊！」李淵問：「你說該怎麼辦？」李世民說：「朝廷下命令了，要父親出兵去鎮壓反賊。可這反賊越來越多，父親無論打勝打敗，都不能改變天下大勢。不如順應民心，舉兵反隋，奪取天下。也只有這樣，我們才躲得開眼前的大禍。」李淵還在猶豫，李世民又憂心又著急，流著眼淚一再督促父親趕快行動，一連勸了兩天，李淵終於下定了決心。他嘆著氣說：「就聽你的吧。從此以後家破身亡由你，化家為國也由你。」

由於擔心在長安的家人被害，李淵又立即通知長子李建成、三子李元吉等人快來太原，一同起兵。

李淵把劉文靜放了出來，讓他幫助李世民招募人馬。為了進一步激起百姓對隋煬帝的憤恨，李淵又讓劉文靜假傳聖旨，說要再次徵調壯丁去打高麗。以前征高麗的士兵都有去無回，人們更加痛恨朝廷，都想奮起反抗。

　　李淵擔憂起兵南下後突厥又來搗亂，就讓劉文靜帶著厚禮去講和，許諾了很多好處，約他們一起反隋。突厥見有利可圖，就答應了。

　　為了防止瓦崗軍首先進入關中，李淵又給李密寫信，表示了自己的欽佩之情。李密看信後很高興，對李淵不再有戒備之心。

　　隋煬帝的親信王威和高君雅發現李淵的行動十分可疑，

便密謀殺害李淵。但還沒來得及動手事情就敗露了。李淵先發制人，捏造了個通敵賣國的罪名，把他們兩人殺了。

　　不久，李建成等人也趕到了。李淵看到一切準備就緒，便正式起兵，號稱「唐軍」。他自封大將軍，任命李建成和李世民為左右領兵大都督，把士兵稱做「義士」。3萬「義士」離開太原，殺向長安。李淵一路上招兵買馬，並學農民起義軍的做法，打開官倉，救濟貧民，爭取人心，使自己的隊伍不斷擴大。

　　唐軍到了霍（音ㄏㄨㄛ）邑，遭到隋朝將軍宋老生的攔擊。又逢連日陰雨，軍糧斷絕，士兵中還傳言突厥要乘虛攻擊太原，李淵害怕太原有閃失，便想撤兵。這天夜裡，李淵被帳外的哭聲驚醒，出來一看，竟是李世民在放聲大哭。問他哭什麼，李世民回答說：「現在前進就能取勝，後退就會潰散，敵人趁勢來攻擊，我們就前功盡棄了。我怎麼能不悲傷呢？」李淵醒悟過來，取消了撤兵的打算，全力攻打霍邑。結果宋老生被殺，霍邑被攻克，唐軍聲威大震，所向披靡。

　　李淵打進長安後，立即宣佈廢除隋王朝的苛刻法令，暫時立隋煬帝的孫子楊侑做掛名皇帝。第二年，隋煬帝在江都被殺，李淵就廢掉楊侑，自己做了皇帝，史稱「唐高祖」。

　　隋朝滅亡，唐朝建立，歷史掀開嶄新的一頁。

唐高祖登基後，按老規矩封李建成爲太子，李世
民爲秦王，李元吉爲齊王。自從太原起兵，李建成和李
世民都曾統領軍隊，立過不少戰功，收羅了不少文武人
才。比較而言，李世民戰功更卓著，手下的人才也更多
更強。李建成大部分時間在京城協助
父親處理政事，軍功和威望都比不
上李世民。他見李世民的勢力越
來越大，對自己構成了強有力
的威脅，心裡十分焦慮。

血濺玄武門

　　為了保住太子的位子，李建成一方面拉攏李淵的寵妃張婕妤和尹德妃，另一方面又聯合齊王李元吉，共同對付李世民。李建成讓張婕妤和尹德妃經常在李淵面前說李世民的壞話，想借父親的手除掉李世民。

　　有一次，兄弟三人跟隨父親到城外打獵，李淵讓他們騎馬比箭。李建成故意讓李世民騎他的馬，說這馬一躍能跨過幾丈寬的深澗。李世民剛騎上去，那馬就狂蹦亂跳，他只好下來。等馬安靜了再騎上去，那馬又烈性大發，想讓他跌下來。李世民努力了幾次才制伏了這匹馬。事後，他對人說：「有人想借這匹馬害我，豈不知生死有命，怎麼害得了我呢！」

　　太子知道了，就透過張婕妤傳話給李淵：「秦王太狂妄了，竟然自稱有天命，註定不死，一定會坐天下的。」李淵一聽十分惱怒，召來李世民訓斥說：「天子是上天決定的，不是要一點小聰明就能得到。你想當天子的心情也太急迫了！」李世民再三解釋，李淵就是不聽。正在這時邊防傳來急報，突厥又來入侵。李淵的態度這才和緩下來，讓李世民領兵去打突厥。

　　打退突厥後，李淵的怒氣消了，可兄弟之間的矛盾卻加深了。李建成見只靠皇上很難奏效，就決定親自動手除掉李世民。

這一天，太子和齊王邀李世民到東宮喝酒，慶賀打敗突厥得勝歸來。李世民喝了幾杯，忽然感到肚子疼，喉嚨癢癢，非常難受。他懷疑酒裡有毒，便沒敢再喝，掙扎著回到家，吐出幾口鮮血，趕緊請醫吃藥。幾天後，他才慢慢好了。

暗害不成，太子和齊王想直接除掉李世民，可是李世民手下猛將如雲，他們知道很難佔到便宜，就鼓動皇上，把秦王的心腹都調到外地去做官。他們還想收買秦王府的勇將，讓李世民孤立無助，方便他們下手。

秦王府的猛將中，太子最想拉攏的是尉遲敬德。他私下給尉遲敬德寫了一封信，表示友好，還送去滿滿一車金銀。沒想到卻遭到了拒絕。太子氣得變了臉色，派刺客去殺尉遲敬德。尉遲敬德早有準備，大開著門戶躺在床上，身邊放著一桿讓人喪膽的長矛。刺客心裡害怕，轉來轉去不敢下手。

這時突厥又來入侵，太子趁機推薦李元吉領兵出征，並讓他奏請皇上，調秦王府裡的主要將領一同上前線。他們還策劃在為李元吉餞行時，勒死李世民。

李世民耳目眾多，很快便得到消息。他本來想讓太子和齊王先動手，自己後發制人，以免落下壞名聲。可是秦王府裡上上下下都相當擔心害怕，催促他趕快下手。李世民終於不再猶豫，立即叫來謀士房玄齡和杜如晦，商量行動計畫。

唐高祖武德九年（西元626年）六月的一天，李世民親自向父皇上奏疏，說李建成和李元吉跟後宮的妃子們有勾搭，行為不軌，又說自己從來沒做過對不起兄弟的事，他們卻幾次謀害他。說完大哭起來。李淵非常吃驚，說：「你講的事情關係重大，明天召太子和齊王進宮，我要親自審問，辨明真假。」

當天夜裡，李世民調兵遣將，親自率領長孫無忌等人，埋伏在入宮必須經過的玄武門附近。

第二天天一亮，李建成和李元吉就帶著一些衛士走向皇宮，進入玄武門。

守衛玄武門的將領叫何常，原是太子的心腹，但已經被李世民收買了，他見太子和李元吉走進玄武門，隨即關上大門。太子和李元吉走到臨湖殿才感到情況異常，當

下立即掉轉馬頭，往太子住的東宮跑。可是已經晚了，只聽有人喊：「太子、齊王，為什麼不去上朝？」回頭一看，正是對頭李世民。李元吉急忙取弓搭箭，一連向李世民射了三箭，都被李世民輕輕撥過。最後一箭，李世民伸手接住，隨即取下自己的長弓，對準李建成，只一箭就把他射下馬來。太子當場喪命。

李元吉急忙往西逃，只見尉遲敬德策馬飛奔，迎

面而來，慌忙掉轉馬頭，恰巧撞上了追趕上來的李世民，兩
匹馬也撞在了一起，兩人同時被跌落到地上。李元吉
先爬起來，餓狼般撲過去，用弓弦猛
勒李世民的脖子。正在危急關頭，
忽聽一聲吼叫：「住手！」李元

吉嚇得一抬頭，說
時遲，那時快，尉遲敬
德弦上的箭已射中李元吉的咽喉。

東宮和齊王府的將士聞訊趕來，
仗著人多，猛攻玄武門。李世民組織士兵
拚命抵擋。東宮和齊王府的人奮力攻打了好一陣，也攻不進皇宮，於是呼喊著要
去攻打秦王府。尉遲敬德急中生智，割下太子和齊王的頭顱，掛在長矛上，挑起來給攻
門的士兵看。士兵們頓時灰心喪氣，呼著四散逃命去了。

　　秦王兄弟三人你死我活地拚殺時，李淵正在宮裡的池塘中泛舟取樂。玩得正高興，
忽然看見尉遲敬德全副武裝闖了進來，不由吃了一驚，屬聲喝問：「你想幹什麼？」

　　尉遲敬德大聲說：「太子、齊王作亂，已經被秦王殺了。秦王怕驚動陛下，特地派
我來保駕。」唐高祖這時才知道外面出了大事，不由得大驚失色，呆若木雞！

　　這時，站在一旁的宰相蕭瑀等人趁機說：「李建成和李元吉嫉妒秦王功高望重，要
謀殺秦王，秦王這樣做也是不得已。陛下只要立秦王為太子，就什麼事也沒有了！」

　　事到如今，李淵已別無選擇，只好慘笑著說出違心的話：「我早就想這樣做了
呀！」

　　三天後李世民當了太子。兩個月後他逼李淵退位，自己做了皇帝，就是著名的「唐
太宗」。

唐太宗的「鏡子」

魏徵是太子李建成的謀士，太子在位時，他曾極力勸說太子儘早除掉李世民，以免後患。李世民登上皇帝寶座後，聽說了這件事，大為惱怒，就把魏徵召來問罪。

魏徵見了李世民，只作了個揖，並不跪拜，態度還很硬。李世民更生氣了，板著臉屬聲問道：「你為什麼要在我們兄弟之間挑撥離間，製造是非？」

左右的大臣見李世民要算舊賬，都替魏徵捏一把汗。魏徵卻神態自若，從容地說：「太子要是聽了我的話，又怎麼會落到被殺的下場？當年管仲做公子糾的老師，也曾去刺殺齊桓公。人都是為自己的主子出力賣命，我又何必隱瞞這一點呢？」

魏徵的話出乎唐太宗李世民的意料，他一時竟無言以對。心想，此人說話直爽，個性正直，明知處境不利卻不畏懼，也不諂媚討好有權勢的人，正是自己治理國家需要的人才。於是唐太宗緩和了口氣，說：「也罷，那都是過去的事情了，今後誰也不要再提吧！」

唐太宗任命魏徵為諫議大夫，讓他多給自己提意見。魏徵果然盡職盡責，前後上諫200多次，指出皇上的過失，使他不犯或少犯錯誤。唐太宗曾經問魏徵：「歷史上的國君，為什麼有的明智，有的卻很昏庸？」魏徵說：「能夠多方面聽取別人的意見，就明智；只偏聽一方面的說詞，就昏庸。」魏徵還打了一個生動形象的比喻：「君主好像是船，百姓好像是水，水能托起船來，也能把船打翻。」唐太宗認為此話很有道理，便牢記在心，並經常用來教育太子。

不過，大道理是明白了，要真正做到卻不那麼容易。

西元626年，唐太宗派人徵兵。有人建議，不滿18歲的男子，只要身材高大也可以徵用。唐太宗同意了。但是詔書卻被魏徵一直扣住不發。唐太宗大發雷霆，把魏徵訓斥了一頓。

魏徵不慌不忙地說：「把池塘裡的水抽乾了抓魚，雖然得到了魚，可是以後再也沒魚可撈了。要是把年齡不足的人都徵來當兵，以後還有兵可以徵嗎？國家的租稅雜役又讓誰去負擔？」兩人爭論了半天，唐太宗心裡十分生氣，想要動怒，卻又怕毀了自己肯聽別人意見的好名聲。

回到後宮，他氣呼呼地咒罵：「早晚有一天我要殺了這個鄉巴佬！」

長孫皇后嚇了一跳，忙問：「陛下要殺哪個鄉巴佬？」

「還不是那個魏徵！他總對我嘮嘮叨叨，還當著眾位大臣的面侮辱我，氣死我了。我一定要殺死他，才能洩恨！」

長孫皇后聽了，一聲不吭回到自己房裡，換了一套朝見的禮服，走到皇上面前跪拜。唐太宗很吃驚，問：「你這是幹什麼？」皇后說：「我聽說天子英明，才會有正直的大臣。現在陛下有了魏徵這樣直言敢諫的大臣，正說明陛下聖明啊！我怎麼能不向陛下祝賀呢？」

皇后的話就像一盆冷水，一下子把唐太宗的怒火澆熄了。他轉怒為喜，誇讚說：「人家都說魏徵態度粗暴，現在看來，這正是他的可愛之處啊！」於是重新下詔，免徵不到18歲的男子。

從此以後，對魏徵的進諫，唐太宗總是耐著性子聽下去。

有一次，唐太宗接到十幾個州官的奏報，都說嶺南酋長馮盎反叛，便準備派大軍前去征討。魏徵勸阻說：「馮盎只是很久沒來朝貢，謀反跡象並不明顯。

人們都說他要反，他怕陛下殺
他，才不敢入朝。要是派一個
有威信的大臣，去嶺南表示朝廷
的至誠態度，不用發兵就能讓馮盎臣服了。」

　　太宗聽取了魏徵的建議，中止了發兵，並派了一個大臣去嶺南。
馮盎果然接受了朝廷的安撫，還派兒子來朝貢。太宗高興地說：「一

個魏徵勝過十萬大軍，眞了不起呀！」

又有一次，唐太宗得到一隻很漂亮的小鷂（音ㄧㄠˋ）鷹，非常喜愛，整天把牠架在胳膊上，逗著取樂。有一天玩得正高興，忽聽侍衛報告說魏徵有事入奏，唐太宗慌忙把小鷂鷹藏到胸口的衣服裡。

魏徵其實已經把這一切看在眼裡，卻假裝不知道。他跟唐太宗說了要說的事情後，故意又說了許多別的話，磨蹭著不走。唐太宗心裡發急，卻不便明說。等魏徵告退出去，唐太宗解開衣襟一看，心愛的小鷂鷹已悶死了。後來長孫皇后問起鳥死的原因，笑著說：「你這個皇帝呀，什麼都不怕，卻怕魏徵！」唐太宗也笑了。

唐太宗最疼愛的女兒長樂公主要出嫁，他爲女兒準備的嫁妝比他妹妹的嫁妝多了一倍。魏徵認爲這不合規矩，就提了意見。唐太宗很不高興，並把這事告訴了皇后。沒想到長孫皇后卻說：「我今天聽了魏徵的話，覺得他能用禮義引導陛下，原本是難能可貴的呀！」這時唐太宗也覺得魏徵的意見是中肯的，目光比自己遠大，於是傳旨減少了長樂公主的嫁妝。

因爲有魏徵這樣直言敢諫的大臣，唐太宗避免了偏聽偏信，朝廷的重大決策很少有差錯，國家的安定繁榮也有了保證。由於唐太宗在位的年號爲「貞觀」，人們便把初唐的這種興旺局面稱爲「貞觀之治」。

西元643年，魏徵病死了。唐太宗非常傷心，流著淚說：「一個人用銅做鏡子，可以端正自己的衣帽；用歷史做鏡子，可以看到國家興亡的原因；用人做鏡子，可以知道自己做得對不對。魏徵一死，我就少了一面好鏡子啊！」

魏徵死後兩年，唐太宗發動了遠征高麗的戰爭，結果勞民傷財，損失慘重。回來的路上，唐太宗想起了魏徵，不由感嘆說：「要是魏徵在世，一定不會讓我這樣做的！」

文成公主進藏

　　唐朝初年，在青藏高原上崛起了一個少數民族國家——吐蕃。西元620年，論贊異囊（音ㄋㄤ）統一了西藏各部，做了吐蕃的贊普（國王）。西元629年，論贊異囊死了，他13歲的兒子松贊干布繼位。松贊干布能文能武，不但精通騎馬射箭，還愛好民歌，善於吟詩。他把都城遷到邏些（今西藏拉薩），制定了官制和法律，建立了吐蕃奴隸制政權。

　　唐太宗當政時期，國家繁榮富強，人民安居樂業。松贊干布對唐朝十分景仰、羨慕，很希望跟唐朝建立友好關係。西元634年，他第二次派使者到長安訪問，唐太宗也派使者回訪。不久，松贊干布又派使臣帶著豐厚的禮品，向唐朝求婚。

　　把皇族的女兒嫁給外族，這是漢代以來歷代王朝都使用的一項外交政策，爲的是安撫周邊少數民族，減少摩擦。可是這次唐太宗沒有答應松贊干布的求婚。吐蕃使臣回去後怕受贊普責備，就撒謊說這是另一個少數民族國家吐谷渾挑撥的結果。松贊干布十分生氣，馬上帶領大軍攻打吐谷渾，把他們趕到了青海。接著，他又把大軍帶到唐朝羌族部落的都督府松州（今四川松潘）城外耀武揚威，還威脅說：「不把公主嫁給我，我就一路打進去！」

　　唐太宗很生氣，當然不同意把公主嫁給他。結果松贊干布眞的大舉進攻松州，打敗了唐朝守將。唐太宗立即出兵還擊，把吐蕃軍隊打得大敗，殺了1000多人。松贊干布害

怕了，趕緊向唐太宗請罪求和，並再次向唐朝求婚。唐太宗也想跟吐蕃和好，
這才答應了這門婚事。

西元640年，24歲的松贊干布派大論（即宰相）祿東贊帶著5000兩黃金和許多珍寶，到長安來迎娶唐朝的公主。

傳說當時不僅是吐蕃，還有好幾個國家派使臣來要求與唐朝聯姻。唐太宗一時斟酌不下，只好出了幾道難題，讓各國使臣回答，哪個使臣答得最好，唐朝就跟他的國家結親。

有一道題是用絲線穿過九曲明珠。明珠上的小孔曲曲彎彎的竟有9道彎，綿軟的絲線很難穿過。就在幾位使臣瞪著眼發愁的時候，聰明的祿東贊把絲線拴在一個小螞蟻的身上，把它放在孔道口，讓它引著絲線穿過了九曲明珠。

還有一道題，是要為100匹母馬和100匹小馬找到母子關係。幾位使臣牽著小馬去試探母馬，不是被咬就是被踢。祿東贊則把母馬和小馬分開圈起來，讓小馬餓了一天，第二天再把牠們放在一起。餓慌了的小馬都急匆匆奔到母親身下吃奶，各自的母子關係也就一目了然了。

最後一道題是從2000多個年輕貌美的女子中，找出誰是即將出嫁的公主。這自然也難不倒松贊干布的使者，他眼光敏銳，經驗豐富，一下子就把雍容大方的公主認出來了。

即將出嫁的文成公主既漂亮又聰慧。她聽說松贊干布文武全才，又懂漢語，很有作為，內心很傾慕，認為嫁給他，不僅自己終身有託，而且唐蕃和親也會給兩國帶來長遠利益。公主主動地向徐惠妃說了自己的想法，徐惠妃又告訴了唐太宗。唐太宗很讚賞文成公主有見識有勇氣，就為她準備了十分豐厚的嫁妝，除了金銀珍珠、綾羅綢緞，還包括吐蕃沒有的各種穀物、蔬菜種子、水果、茶葉、藥材、器具以及書籍等等。唐太宗還派江夏王李道宗親自護送她前往吐蕃。

貞觀十五年（西元641年）正月，文成公主帶著宮女、樂隊、工匠等人組成的一支龐大隊伍遠嫁吐蕃。

松贊干布親自帶領大隊人馬到柏海河源（今青海省）迎親，並舉行了隆重的婚禮。松贊干布見唐朝公主俊美，儀仗典雅，彩禮豐厚，十分歡喜。他穿上漢族的服裝，打扮成唐朝的駙馬，向李道宗行了女婿大禮。這時樂聲大作，樂隊一會兒演奏唐樂，一會兒演奏吐蕃樂，到處是一片歡騰的景象。

婚禮後，松贊干布和文成公主越過雪山，到了邏些。邏些人民就像過盛大節日一樣，載歌載舞，歡迎文成公主的到來。松贊干布高興地說：「我的祖先沒有和上國通婚的，我能娶到大唐公主，實在是

太榮幸了！我要給公主修築一座城池，讓子子孫孫知道我所感到的榮耀。」

於是，松贊干布讓工匠按照唐朝建築式樣，在邏些城爲公主修建了城郭和宮室。相傳拉薩的布達拉宮就是從這時候開始建造的。

文成公主很有才能，她與松贊干布同心協力，立志改善吐蕃落後的面貌。那時吐蕃沒有曆法，以麥子成熟爲一年的開始，文成公主就教會他們使用唐朝先進的曆法。吐蕃沒有文字，人們無論什麼事都用繩子打結或在木頭上刻符號來表示，文成公主鼓勵松贊干布設法造字。不久，30個字母及拼音造句的文法就創造出來，使吐蕃有了自己的文字。松贊干布認真學習新文字，還把這些字刻在宮殿的石壁上。他們用吐蕃文翻譯唐朝的各種經典著作，使吐蕃的文化快速發展。文成公主帶去的水磨，大受吐蕃人民歡迎，使他們學會了使用水力。公主和她的侍女還教吐蕃婦女學會了紡織和刺繡。

公主信仰佛教，在她的影響下，松贊干布提倡佛教，在邏些修建了大昭寺。松贊干布還不斷派貴族子弟到長安求學，並聘請有學問的唐朝人到吐蕃掌管文書。後來又向

唐朝要了許多蠶種，請來養蠶、釀酒、製碾磨、造紙墨的工匠，就連漢族平土種田的技術也學過去了。就這樣，先進發達的漢族經濟文化藉著文成公主進入西藏的機會，陸續傳入吐蕃，大大推進了吐蕃經濟和文化的發展，唐朝和吐蕃的關係也日益密切。貞觀23年，松贊干布接受了唐朝賜予他的「西海郡王」的封號。

西元680年，文成公主在邏些去世。她在吐蕃生活了整整40年，為吐蕃的發展做出了巨大貢獻，為兩族人民的友好關係豎立起一座豐碑。直到今天，在拉薩的布達拉宮和大昭寺裡，還供奉著文成公主和松贊干布的塑像。他們一直受到漢藏兩族人民的懷念和敬仰。

玄奘西天取經

　　《西遊記》中「唐僧取經」的故事在東方家喻戶曉，不過，真正的唐僧到西天取經時，並沒有能上天入地的徒弟跟著，更沒有觀音菩薩的暗中保護，他是靠著堅強的意志和驚人的毅力，才終於取得成功的。

　　唐僧原來姓陳，河南偃師人，是長安大慈恩寺的和尚，法名叫「玄奘」。他13歲就出家，靠著自己的聰明和刻苦，幾年後就精通了佛學經典《經藏》、《律藏》和《論藏》，所以人們尊敬地稱他「唐三藏」。那時佛教有不少流派，它們的經典流傳到中國的途徑不一樣，時間也有先後，再加上口授和傳抄時常有誤解和錯漏，所以經文的解釋十分混亂。玄奘發現了這些問題，開始發憤學習天竺（即印度）的語言——梵文，並決心去佛教發源地天竺求取真經。

　　幾年後玄奘學會了梵文，就聯絡了幾個夥伴，準備出國。可是他們申請通關的文書沒被批准。約好的同伴都退縮了，玄奘卻毫不動搖。貞觀元年（西元627年）秋天，他帶著兩個小和尚，混在返回西域的商人當中出了長安，逃過邊防關卡，到了玉門關附近的瓜州。

　　這時玄奘的馬死了，那兩個小和尚也被旅途的艱難嚇跑了。

幸虧州官李昌佩服他
萬里取經的勇氣，不但沒
有為難他，還告訴了他通過
玉門關的辦法。玄奘就變賣了衣
服，買了一匹瘦馬，趁黑夜混出了玉門關。

　　玉門關外是大沙漠，唐朝在沙漠中設有5座堡壘，每座相隔100里，中間沒有水源。

　　玄奘單槍匹馬闖進了大沙漠。這裡上無飛鳥，下無走獸，白天熱風如火，夜裡寒
風似刀，不時能看見人獸的骨骸。玄奘艱難跋涉了80多里，來到第一座堡壘附近。他怕
守衛的士兵發現，白天躲在沙溝裡，天黑時才走近堡壘去取水。突然，「咻咻」兩支箭
落在了身邊，差點射中他的膝蓋。玄奘知道被守衛發現了，索性朝著堡壘擺著手大喊：
「我是長安來的和尚，要去西天取經，請不要射箭！」

　　守衛把玄奘帶進堡壘，問清來歷後，都非常佩服他，指給他一條通向第四座堡壘的
小路。第四座堡壘的守衛也很熱情地接待了他，並告訴他怎樣繞過守官很壞的第五座堡

壘。玄奘走得口乾唇裂，停下來喝水時，一失手把皮袋裡的水弄灑了！他想回第四座堡壘去取水，又想起自己出發前曾經發過誓：「不到目的地，絕不東歸一步！」於是咬咬牙掉轉馬頭，繼續西行。

　　玄奘在沙漠裡又走了5天4夜，第五個黑夜來臨時，終於支持不住，昏倒在地。不知過了多久，他被徐徐涼風吹醒過來，睜開眼，只見到處是漆黑一團，那匹瘦馬正在不安地踏蹄。他抓著馬尾巴掙扎著爬起來，一步步向前走。

　　天濛濛亮時，玄奘眼前豁然一亮──老馬把他帶到了一片綠油油的草地上，那裡有一股清澈的泉水！玄奘發瘋似的跑過去，喝了個痛快。他又走了兩天，這才走出近千里的大沙漠，來到高昌國。

　　高昌國國王也信佛，他提供優厚的條件，請求玄奘留下來。但玄奘一定要去西天，國王只好請他講了1個多月的佛經，然後送了他許多金銀、絲絹、馬匹和20多個隨從，還寫了25封信，請沿途國王保護這位唐朝高僧。

　　玄奘帶領人馬走過莽原，渡過河川，翻過崇山峻嶺，闖過了一關又一關。這期間，他們只在翻越終年積雪的凌山時就走了7天，凍死了10多個人。

就這樣千難萬險地走了整整1年，玄奘終於到達了天竺。

西元631年，玄奘來到天竺佛教的中心和最高學府那爛陀寺。寺院主持戒賢是天竺的佛學權威，這位大學者已經100多歲了，多年不收徒講學。他欽佩玄奘遠道求學的精神，破例收玄奘為弟子，重開講壇，用15個月的時間，為他講解最難懂的佛經。

玄奘在那爛陀寺刻苦學習了5年，成績優異。寺中1萬多名僧人，能通曉50部佛教經論的只有10人，玄奘就是其中之一。後來，他又四方遊學，朝拜聖蹟，得到經法真諦，終於成為一代佛學大家。

摩揭陀國戒日王是個篤信佛教的國王，他決定舉行一個隆重的佛教學術大會，讓各派公開辯論，並特意請玄奘擔任主辯人。消息傳開，天竺十八國的國王和各地高僧6000多人都趕來參加。會中，玄奘用流利的梵語從容講經說法，口若懸河。大會進行了18天，所有的人都被玄奘征服了。戒日王讓他乘坐大象遊行，人們為他熱烈歡呼。

西元645年正月，玄奘帶著精心挑選的650多部經書，再一次歷盡艱辛，回到了離別18年的長安。長安民眾被玄奘西天取經的事蹟深深感動，幾十萬居民夾道歡迎，一路鼓樂喧天，鮮花遍地。正在洛陽的唐太宗得到消息，對玄奘的壯舉也十分欽佩，特派宰相房玄齡把玄奘接到洛陽，饒有興趣地聽他講述取經的非凡經歷。

不久，在唐太宗的支持下，玄奘開始翻譯佛經，並修建了大雁塔存放經卷。他每天五更起床，三更才睡。19年間，共譯成佛經75部，1300多卷。玄奘有很高的漢文化修養，又精通梵文，所以他譯的經文流暢優美而且忠於原意。今天我們還在使用的一些專有名詞，如「印度」、「剎那」等，就是他當時確定下來的。

西元664年，根據唐太宗的囑咐，玄奘與人合作，將旅途見聞寫成了一本《大唐西域記》。書中記述了他經歷的包括今天的阿富汗、巴基斯坦、印度等100多個國家的情況，如山川地理、名勝古蹟、城市風光、民俗世情等內容豐富生動，準確可靠。就在寫完《大唐西域記》後1個多月，玄奘因為勞累過度而去世了，享年69歲。

一代女皇武則天

在歷代帝王中，有個獨一無二的女皇帝，她就是唐高宗李治的妻子武則天。

武則天的父親是個木材商人，曾經幫助唐高祖李淵起兵反隋，唐朝建立後做了官。武則天從小聰明伶俐，活潑大膽，很像男孩。武則天的母親有個表妹是唐太宗的妃子。長孫皇后死後，唐太宗十分傷感，這個妃子便勸他再選幾個美女來充實後宮，並說自己的外甥女武則天長得很漂亮。於是年僅14歲的武則天便被接到宮裡。

武則天年紀雖小，卻見識不凡。有一次突厥可汗送來一匹烈馬，誰都對牠沒辦法。武則天卻說她用三樣東西就能馴服牠：「一是鐵鞭，二是鐵錘，三是匕首。鐵鞭抽牠不服，就用鐵錘敲牠腦袋，再不服，就用匕首割斷牠脖子！」唐太宗發現這個妃子很有氣概，不久就封她爲才人。

唐高宗是唐太宗的兒子，當太子時就看上了武則天。武則天爲自己的將來打算著，也很想討好皇太子。兩人一來二去有了感情，背著唐太宗暗中來往。唐太宗死後，按照規矩，他的嬪妃們要到感業寺當尼姑，武則天也不例外。但唐高宗難忘舊情，在太宗去世一周年的忌日，他到感業寺去進香，見到哭成淚人的武則天，也不由得淚流滿面。

回到皇宮後，高宗日夜思念武則天，悶悶不樂。他想召武則天回宮，可武則天畢竟是太宗的女人，從道德、從名分上說都很難開口。高宗內心十分痛苦。

王皇后知道了高宗的心事，不但沒有反對，反而竭力慫恿高宗把武則天接回宮來。原來王皇后沒有孩子，生了兒子的蕭淑妃很受高宗的寵愛，王皇后想透過武則天，一來討高宗喜歡，二來對付蕭淑妃。於是，喜出望外的高宗立即讓武則天留起頭髮，幾個月後將她偷偷接回宮裡。

這時武則天剛剛20歲出頭，長得更加嫵媚動人了。她對王皇后畢恭畢敬，王皇后便不斷在高宗面前誇她。不久，武則天被封為昭儀，蕭淑妃成了她的手下敗將。可是王皇后卻萬萬沒想到，她的處境不僅沒有因此而好轉，反而更糟了：從此，高宗只聽武則天一個人的話，對王皇后一天比一天疏遠。

西元654年，武則天生了個女兒。有一天，王皇后來看孩子，她離開不一會兒，高宗就來了。武則天高興地掀開被子讓高宗看女兒，誰知孩子一動不動，已經死了。武則天大哭，說是皇后剛來過。高宗不禁大怒，說：「是皇后殺了我女兒！」其實小公主是武則天親手掐死的，她這樣做只是為了嫁禍皇后，奪取後宮大權。王皇后就是有一百張嘴也辯不清自己。從此高宗決意廢掉王皇后，立武則天為皇后。

但是高宗的打算遭到許多人的反對，尤其是高宗的舅舅長孫無忌和宰相褚遂良，說什麼也不同意，褚遂良在諫阻時甚至把額頭磕得鮮血直流。只有狡猾的李勣（即徐世勣）看出高宗主意已定，說：「這是陛下的家事，何必再問外人！」武則天拉攏的一批官員也宣揚說：「莊稼漢多收了十石麥子，還想換個老婆呢，何況天子呢！」高宗不再猶豫，於西元655年下詔廢掉王皇后，立武則天為皇后。

武則天一當上皇后，立刻就將王皇后和蕭淑妃砍去手腳，扔進酒甕裡，讓她們受盡痛苦後死去。接著又利用高宗與元老忠臣之間的矛盾，以謀反的罪名逼令長孫無忌自殺，把褚遂良貶到外地。其他

反對過她的老臣，也降職的降職，流放的流放。唐高宗是個懦弱
而無能的人，只能聽任精明強幹的武則天爲所欲爲。

　　不久，高宗又生了一場病，經常頭暈眼花。他看武則天能幹，又愛管事，
就乾脆把朝政大事都交給她去管。武則天從此掌握了大權，連高宗也不放在眼裡
了。高宗上朝時，她在旁邊監視，大小事情都得她點頭才算數。

　　武則天生有4個兒子，老大李弘，老二李賢，老三李顯，老四李旦。爲了爭
奪權力，她又和兒子們展開了長期的較勁。太子李弘仁厚善良，高宗想傳位給他，武則
天搶在前面將他毒死。老二李賢被立爲太子，李賢聰明能幹，但不太順從武則天。這讓
她相當惱怒。不久李賢就被廢爲庶人，流放到幾千里外的巴州，後來又因爲一首詩惹惱
了母親，被逼自殺。老三李顯又被立爲太子。

西元683年，唐高宗去世，李顯即位，就是唐中宗。武則天以太后的身份臨朝執政。可是沒過多久，唐中宗就因爲重用皇后的娘家人，被武則天廢爲盧陵王，流放到外地去了。

西元684年，老四李旦被武則天立爲皇帝，就是唐睿宗。但他一開始就被軟禁起來，不能參與朝政。朝中的一切，事無大小，都由武則天裁定。她成爲事實上的皇帝。

唐宗室和一些元老舊臣對這種狀況非常不滿，徐世勣的孫子徐敬業等人打著擁護唐中宗的旗號，在揚州起兵討伐武則天。武則天召集大臣商量對策。宰相裴炎説：「只要太后把政權還給皇帝，徐敬業的叛亂自然會平息。」武則天認爲裴炎和徐敬業一樣，是要逼她下臺，就把他打入監牢，又以謀反罪殺了他。

武則天派出30萬大軍鎮壓了徐敬業，以後再也沒人敢公開反對武則天了。這時武則天卻又不滿足太后執政的地位了，她要「名正言順」地當皇帝！

西元688年，一些讓「聖母」當皇帝的「瑞兆」接連出現。於是，有一個名叫傅遊藝的官僚，聯合關中地區900多人聯名上書，請求武則天當皇帝。武則天一面假惺惺推辭，一面提拔傅遊藝當了大官。這樣一來，勸武則天做皇帝的人越來越多，官員、貴族、百姓、各族首領、和尚道士什麼人都有。皇帝李旦迫於形勢，只好請求武則天賜他姓「武」。

西元690年，67歲的武則天終於登上了皇帝寶座，改國號爲「周」，自稱「聖神皇帝」，定都洛陽，同時降唐朝皇帝李旦爲皇嗣。

就這樣，中國歷史上唯一的女皇帝武則天，開始了她歷時14年的帝王生涯。

李隆基政變

　　武則天當了皇帝後，為了清除潛在的威脅，鑄造了專門投遞告密信的銅匣子，鼓勵人們告密。於是告密之風盛行。一些靠告密起家的無賴受到重用，相互比賽著製造駭人聽聞的酷刑，逼迫著人們承認謀反，製造了許多冤案、假案。但總括說來，武則天重視農業，注意招攬人才，治理國家並不比其他皇帝差。

　　西元705年初，武則天臥病在床。宰相張柬之等人非常擔心李唐江山的安危，決定發動宮廷政變。他們率領御林軍衝進宮裡，擁護唐

中宗恢復帝位。武則天只好重新做皇太后。10個月後，執掌朝政50多年的武則天咽下最後一口氣。

唐中宗李顯復位後，立妻子韋氏爲皇后。韋氏與李顯可以說是患難夫妻。當年李顯被武則天流放時，只有韋氏陪著他嘗盡了人間苦難。那時，只要一聽説武則天的使臣來了，李顯就嚇得要自殺。韋氏總是安慰他，幫助他挺過一次次危難，活了下來。所以李顯曾經對韋氏發誓説：「我一旦重登帝位，一定滿足你所有的心願！」

現在李顯眞的又當了皇帝，就想實踐自己的誓言，一切按照韋氏的意願辦。韋氏的野心便迅速膨脹了──她想做第二個武則天！

　　唐中宗非常寵愛小女兒安樂公主。有時安樂公主私自寫下聖旨，在呈給中宗時，故意遮住內容，讓唐中宗簽署。唐中宗竟然笑容滿面地蓋上了皇帝大印！

　　唐中宗還有個婕妤（內宮女官名稱）叫上官婉兒，會舞文弄墨。她曾經很受武則天信任，參與處理百官奏章，後來又與武則天的侄子武三思勾搭上了。中宗的小女兒安樂公主嫁給了武三思的兒子。而韋皇后也透過種種關係和武三思勾搭在一起，一同干預朝政。唐中宗對韋后言聽計從，見韋后信任武三思，便也把他當親信，讓他做了宰相，大事小事都找他商量。

　　張柬之等人發動政變扶持唐中宗上臺，以為武氏勢力已經成了砧板上的魚肉，輕而易舉就能剷除。沒想到唐中宗是個糊塗蟲，反而再次重用武三思，並放任他結黨營私，把持朝政。

　　張柬之等人後悔不及，卻一點辦法都沒有。武三思知道張柬之等人想加害於他，忙跟韋后一起去找唐中宗，說張柬之等5位大臣想謀反。昏庸的中宗信以為真，讓韋后和武三思奪了他們的實權，又把他們逐出京城，一個個害死。

從此，韋后一幫人更加倡狂了。

武三思則得意忘形地說：「我不知道什麼叫善人，什麼叫惡人。凡是對我好的就是善人，對我壞的就是惡人！」一時間，勢利小人都集中到他的身邊，依仗他的威勢橫行霸道，把朝野上下搞得烏煙瘴氣。

太子李重俊不是韋后的親生兒子。韋后想當女皇帝，自然要除掉這個障礙，於是慫恿安樂公主和她的丈夫故意找碴欺負太子。後來安樂公主乾脆要求唐中宗廢掉太子，立她為皇太女，將來學她的祖母武則天，也做女皇帝。李重俊忍無可忍，於西元707年發動兵變，殺死武三思父子及其同黨幾十人。可惜後來兵變失敗，李重俊也被殺死了。

太子死後，韋后加緊為她上臺大造輿論，同時也更加放縱自己，又和御醫、御廚等人私通。宮中有個叫燕欽融的義士，對此情形義憤填膺。他面對唐中宗，慷慨激昂地把韋后、安樂公主等人的醜事抖了出來。唐中宗羞慚地紅著臉，低頭嘆氣。韋后的心腹宰相宗楚客這時就在旁邊，他讓禁軍抓起燕欽融，頭朝下狠狠戳壓在石頭地板上，燕欽融當時便折斷了脖子，慘死在皇帝面前。

唐中宗心裡十分惱怒。這時韋后害怕了，就和安樂公主等人合謀，把御醫提供的毒藥放在餅裡，毒殺了唐中宗。

唐中宗死後，韋后秘不發喪。她先調動軍隊守衛京城，然後任命自己的親信擔任要職。一切準備好了，才宣佈皇上的死訊，同時立15歲的李重茂為太子，又指使宗楚客等人聯名上書，擁護她「臨朝主政」，還準備效法武則天，改朝換代，滅了大唐。

　　唐睿宗李旦的三兒子李隆基，這時剛滿25歲，卻胸有大志，才略過人。他見韋后胡作非爲，圖謀篡位，便也積極準備，要和韋后較量一番。禁軍將領葛福順和陳玄禮等人都支持李隆基，願意爲他出力。

　　西元710年夏天，李隆基和姑姑太平公主密謀，決定立即發動兵變。夜裡，葛福順殺死親近韋后的禁軍將領，然後向士兵大喊：「韋后毒死皇帝，陰謀危害社稷。今晚大家一起誅殺韋氏和武氏集團，誰敢幫助逆黨，罪滅三族！」士兵們紛紛響應。

　　李隆基率軍進入玄武門，逼近後宮。韋后從夢中驚醒，慌忙逃到飛騎營躲避。飛騎營士兵二話不說，一刀砍下了她的腦袋。安樂公主正對著鏡子畫眉，還沒弄明白出了什麼事，頭已落地了。她的丈夫沒跑多遠，也被士兵追上殺死。

　　上官婉兒看到形勢突變，立即見風轉舵，帶領宮女迎接李隆基，並且拿出一份唐中宗讓李旦參政的遺詔底稿，請求饒她一命。李隆基恨她和韋后勾結，助紂爲虐，毫不留情地殺了她。

　　幾天後，太平公主把李重茂從寶座上提了下來。唐睿宗復位，立李隆基爲太子。

　　但武則天的女兒太平公主野心勃勃，也想學母親的樣子做女皇。她很有勢力，又精明強幹，一度把持了朝政大權。人們傳說：「家有太平，國無太平。」軟弱的唐睿宗權衡再三，於西元712年將皇位傳位給了李隆基。

　　西元713年秋天，李隆基率領300多名士兵，殺死了太平公主的眾多黨羽。太平公主逃進山裡的佛寺，3天後被抓回來處死。大唐王朝終於結束了女主干政、變亂迭起的政治局面。

馬嵬坡

　　李隆基就是唐玄宗。他年輕有為，一上臺就革新政治，發展經濟，使唐王朝進入了繁榮富強的頂點時期——開元盛世。這時國庫裡堆滿了錢糧，百姓富足，社會安定。

　　可是伴隨著治理國家的巨大成功，唐玄宗逐漸驕傲自滿起來，開始厭倦朝政，追求享樂。西元736年，唐玄宗寵愛的武惠妃死了，他一直悶悶不樂。後來遇見體態豐滿、面容嬌好的楊玉環，他一下子著了迷。儘管楊玉環是他兒子壽王李瑁的妃子，可是玄宗還是讓她先出家做了女道士，賜名太真，然後設法弄進宮來，據為己有。

　　楊玉環聰明俊秀，能歌善舞。一天，玄宗把自己譜寫的《霓裳羽衣曲》給她看，她一看就明白，立刻邊歌邊舞，長袖飄飄，婀娜多姿，就像仙女下凡，把玄宗迷得神魂顛倒。不久，楊玉環被冊封為貴妃，地位僅在皇后之下。由於唐玄宗一直沒有冊封皇后，實際上她就成了大唐的皇后了。楊貴妃愛吃荔枝。但荔枝生在南方，離京城長安有幾千里之遙。玄宗特地開闢了從嶺南通往長安的貢道，沿途設有驛站，備有快馬。盛夏驕陽似火，荔枝從嶺南出發，一站一站地換人換馬，接力傳送，運到長安時還是新鮮的。為

此不知累死了多少人和馬，可是只要貴妃高興，皇上也就不想其他的了。

　　由於楊貴妃被寵，她的3個姐姐分別被封爲韓國夫人、虢（音ㄍㄨㄛˊ）國夫人和秦國夫人。她的堂兄楊國忠還當了宰相，一人身兼40多個職務，大權獨攬，欺上瞞下，不可一世。而唐玄宗有可愛迷人的貴妃及其姐妹陪伴，整日沉浸在歌舞昇平中，把國家大事都拋到九霄雲外去了。

　　而這一切都被大軍閥安祿山看在眼裡。

　　安祿山年輕時因罪被判死刑。唐玄宗聽說他很能幹，赦免了他。從此，安祿山靠著逢迎拍馬的手段一步步升官，當了平盧節度使。玄宗喜歡邊將多立戰功，他就誘騙附近的少數民族首領和士兵來參加宴會，用藥酒灌醉後割下頭顱，向皇上報功。他在楊貴妃面前更是裝傻、撒嬌，甚至認年輕的楊貴妃爲乾娘。

靠小丑的伎倆，安祿山贏得了貴妃的好感，騙取了皇上的信任，又兼任了范陽、河東節度使，控制了北方邊境的大部分地區。

楊國忠和安祿山有矛盾，他一再對玄宗說：「安祿山要造反！」但玄宗根本不信。玄宗還把上奏安祿山要謀反的人綁起來，送給安祿山處置。安祿山就在皇上的無限信任和愛護下，放心大膽地做好了反叛的準備。

西元755年農曆十一月，安祿山打著「奉密旨討楊國忠」的旗號，在史思明等人的擁戴下，率領20萬大軍，從漁陽向洛陽打來。這就是歷史上有名的「安史之亂」。這時中原一帶已經100多年沒打過仗了，官軍戒備鬆弛，望風而逃，各州縣紛紛落到叛軍手裡。

接到安祿山反叛的奏報，唐玄宗還以為是造謠，直到警報接連到來，他才慌了。楊國忠卻洋洋自得，自以為有先見之明。叛軍打到黃河北岸時，玄宗又聽信監軍宦官的話，殺了大將封常清和高仙芝，最後強派又老又病的哥舒翰去守潼關。

這時安祿山在洛陽建立了政權，自稱「大燕皇帝」。哥舒翰憑藉豐富的作戰經驗，把叛軍擋在了潼關外。安祿山在關外屯兵半年，也沒有攻下潼關，相當灰心喪氣。可就在他準備放棄洛陽，逃回范陽老巢的時候，唐玄宗卻替他打開了潼關大門！

原來，楊國忠怕哥舒翰打勝仗後勢力壓過他，就向玄宗進言，說哥舒翰應放棄死守潼關的戰略，向叛軍發動進攻。哥舒翰知道出戰必敗，但聖旨難違，痛哭一場後，帶兵出關。20萬大軍一出關就中了叛軍的埋伏。一仗下來，官軍全軍覆沒，哥舒翰也被部將脅迫著投降了叛軍。

潼關失守，長安的門戶大開。

哥舒翰在潼關時，每晚都點燃烽火，報告平安。這一夜，長安人沒有望見「平安火」，頓時亂成一團。消息傳到朝廷，玄宗和大臣們驚慌失措。在楊國忠的鼓動下，玄宗帶著皇子皇孫、嬪妃宮女和文武百官等，偷偷逃出長安，奔向四川。

西元756年6月14日，大隊人馬來到馬嵬坡。禁軍士兵又累又

餓，不願再往前走。禁軍首領陳玄禮早就對楊國忠恨得咬牙切齒，趁機鼓動說：「大好國家卻有今天的災難，都是楊國忠一手造成的。不殺了他，就不能平息天下人的怨恨！」

楊國忠正在馬上啃食胡餅，二十幾個吐蕃使者圍上來跟他要吃的。這時軍士們突然大叫：「楊國忠謀反了！快殺了他！」一箭射中了他的馬鞍。楊國忠嚇得滾下馬背，逃進馬嵬驛的西門。士兵們蜂擁而入，你一刀我一槍，把他砍成了好幾段，又砍下頭顱，吊掛在驛門外。

接著，大家包圍了玄宗的住所。玄宗趕緊拄著拐杖，出來安慰說：「朕體諒你們的心情，不再追究誅殺楊國忠的事，大家散去吧。」

可是士兵們誰也不動。陳玄禮走上前來說：「楊國忠謀反，將士們殺了他。可是他的妹妹還在陛下身邊，大家能不擔心嗎？」

玄宗大吃一驚，說：「貴妃長期住在後宮，不問外事，她有什麼罪？」

　　玄宗的心腹太監高力士見形勢不妙，在一旁勸說：「陛下還是聽他們一句吧！只有安撫好士兵，陛下才能大安呀！」玄宗還是不肯。這時，外邊傳來一陣陣呼喊：「不殺貴妃，誓不護駕！不殺貴妃，誓不護駕！」一個叫韋諤（音 ｔ ）的官員，跪在玄宗面前，磕頭如搗蒜，請玄宗快下決斷。他把頭都磕破了，血流滿面。

　　玄宗終於明白，此刻眾怒難犯，不要說楊貴妃，就連他自己也有危險了。他狠狠跺了跺腳，哭著讓高力士把楊貴妃帶到一棵梨樹下，用白綾把她吊死了。

　　高力士把屍體拉回來，讓陳玄禮查驗。禁軍士兵確信楊貴妃已死，才重新列隊，護衛著皇帝奔向大山的深處。

朱溫篡唐

　　唐軍在郭子儀、李光弼等人的帶領下苦戰了8年，終於平定了「安史之亂」，但強盛統一的唐朝卻一去不復返。軍閥割據，宦官專權，還有官員之間的朋黨之爭，使唐朝的政治越來越混亂。唐朝末年，土地兼併加上嚴重的天災，使老百姓活不下去了，只好起來造反。西元880年，黃巢起義軍攻進長安，建立了大齊政權。可是沒過多久，唐軍就把長安緊緊圍住。就在這時，駐守同州的起義軍大將朱溫投降了唐朝。唐僖宗喜出望外，封他做宣武節度使，還賞他一個名字，叫「朱全忠」。

　　西元888年，唐僖宗死了，繼位的唐昭宗很想剷除日益強大的宦官勢力，就叫宰相崔胤（音ㄧㄣˋ）與朱溫聯絡。宦官頭子劉季述見昭宗疏遠宦官，就想借機廢掉昭宗，另立皇帝。

　　西元900年冬天的一個夜晚，昭宗喝醉了酒，把服侍他的宦官和宮女都殺死，然後昏然大睡。第二天太陽很高了，昭宗住處還是大門緊閉。劉季述帶領禁軍破門而入，立即被寢宮中的情景氣壞了。他退出來，把所有文武官員召到宮中，讓他們在一份奏章上簽字畫押，逼昭宗退位。然後帶兵衝進寢宮，大叫：「昏君起床！」

　　昭宗被嚇得滾到了床下，渾身發抖。劉季述一手握刀，一手抓起昭宗，按在床上，把百官簽署的狀子給他看，並凶狠地斥責說：「那天，你不聽我的話，這是罪過一；那件事，你又不聽我的話，這是罪過二……」一直數叨了幾十件。

　　劉季述把昭宗和皇后、嬪妃們關在東宮，只留一個窗戶投遞食物。後來宰相崔胤策動兵變，才救出唐昭宗。崔胤殺了劉季述，又與朱溫密謀，想借他的力量徹底剷除宦官勢力。

崔胤自認為秘密的事，不知怎麼被宦官們知道了。於是，宦官們聯絡了鳳翔節度使李茂貞，把昭宗和后妃們劫持到鳳翔。西元902年，朱溫率軍包圍了鳳翔城，不停地攻打。城下，朱溫的士兵大罵城上人是「劫持天子的臭賊」；城上，李茂貞的屬下也大罵城下人是「搶奪天子的惡賊」。這樣過了幾十天，嚴冬已到。鳳翔城內糧食吃緊，將士們飢寒交迫，餓死凍死了許多。昭宗每天的御膳也只有狗肉。城中士兵不斷地偷偷吊下城去，投降朱溫。

李茂貞見再困下去只有死路一條，就私下寫信給朱溫，把罪狀都推給韓全海，表示願意誅殺宦官。

西元903年春天，李茂貞把韓全海等16名宦官全部殺死，把皇帝交給了朱溫。於是，唐昭宗又在朱溫的挾持下，離開鳳翔，回到長安。

接著，朱溫又跟崔胤合謀，讓唐昭宗下詔，把800多名宦官全部殺掉。唐朝中葉以來把持朝政100多年的宦官專政局面從此結束了。

唐昭宗變成了朱溫手中的傀儡，朝中的官員自然都得按朱溫的意旨辦事。朱溫為了控制皇帝，實現自己篡奪皇位的野心，又殺死崔胤等人，並逼迫昭宗遷都洛陽。為營建洛陽，朱溫命令把長安的房屋拆掉，將木材扔進渭水，再透過黃河浮運到洛陽，使長安成了一片廢墟。老百姓也在軍士的驅趕下離開長安，前往洛陽。大家一面哭泣，一面痛罵朱溫禍國殃民。

唐昭宗被朱溫強迫著，率領嬪妃、百官前往洛陽。經

過華州時，老百姓夾道歡呼「萬歲」，昭宗哭著說：「不要呼萬歲，我已經不再是你們的君主了！」

　　唐昭宗到洛陽後，被朱溫軟禁起來。不久前，朱溫爲了早日滅唐，先殺了昭宗的長子李裕。昭宗恨透了朱溫，不由自主竟跟監視他的蔣玄暉説起了這事，説著説著就哭起來，恨得把中指都咬破了。

　　這件事被朱溫知道了，恰在這時李

茂貞又打著解救唐昭宗的旗號，聯合各地軍閥要向朱溫興師問罪。朱溫便決定殺死唐昭宗，免除後患。

西元904年8月11日夜晚，蔣玄暉奉命帶領朱有恭等人刺殺了唐昭宗，事後，朱溫假惺惺地痛哭一場。為遮人耳目，他以「弒君」的罪名處死了朱有恭。同時，立13歲的李柱為帝，他就是唐朝的末代皇帝「昭宣帝」。

朱溫為了斬草除根，又讓蔣玄暉把唐昭宗的9個兒子邀請到洛苑的九曲池喝酒賞花。酒席上把他們灌得大醉，然後一個個全都勒死，扔進九曲池，卻說他們是失足掉下水池，淹死了。

宦官殺完了，皇帝、皇子也殺光了，唐朝就剩下一批大臣了。朱溫有個謀士，名叫李振，外號「貓頭鷹」，因為沒有考上進士，非常痛恨朝中大臣。他對朱溫說：「你要做大事，這批大臣最難對付，不如把他們統統除掉。」朱溫聽了他的話，在一個深夜，把三十幾個朝臣集中起來全部殺掉。

李振又說：「這批人平時自命清高，稱自己是『清流』，應該把他們扔進黃河，叫他們變成『濁流』！」朱溫也照辦了。

為了體面地上臺，朱溫要昭宣帝主動讓出皇位。他指使蔣玄暉去辦理這事。蔣玄暉想按照魏晉時禪讓的辦法，一步一步去做。朱溫急於篡位，心裡很不高興。有人說蔣玄暉是在故意延長唐朝的壽命，朱溫十分惱怒，立刻處死了蔣玄暉。

唐朝的一切都被掃蕩乾淨，朱溫覺得大局已定。西元907年5月，他逼迫唐昭宣帝退位，自立為皇帝，改國號為「梁」，歷史上稱為「後梁」。歷時近400年的大唐帝國就此滅亡。

黃袍加身

朱溫建立的後梁只存在了12年，就被後唐推翻。不久，後唐又被後晉滅掉。就這樣，掌有兵權的武將今天你為王，明天他稱帝。短短40年內，北方先後出現了後梁、後唐、後晉、後漢、後周5個朝代。直到趙匡胤黃袍加身，建立宋朝，異常混亂的五代十國時期才告結束。

西元927年，趙匡胤出生在洛陽城東的夾馬營。他的父親是後唐武將，趙匡胤從小出入兵營，騎馬射箭無所不精。有一次，母親杜氏勸他好好讀書，他卻說：「自古以來，治世用文，亂世用武。如今天下大亂，只有精習武藝才有出路。」

後漢樞密使郭威看中了趙匡胤的一身好武藝，把他留在身邊。趙匡胤立下了許多戰功。郭威建立後周政權後，任命趙匡胤為禁衛軍軍官。西元954年，郭威病死，他的養子柴榮即位。北漢的劉崇借機聯合契丹人前來進攻。趙匡胤跟隨周世宗柴榮，在高平與敵軍遭遇。北漢軍攻勢兇猛，後周兵抵擋不住，紛紛潰退。趙匡胤帶領幾千人的隊伍，奮勇殺敵，他的左臂中了箭，仍然揮刀把北漢大將張之徽砍下馬去，這才使後周兵轉危為安。

後來，趙匡胤又隨柴榮征討南唐，使南唐向後周屈服稱臣。趙匡胤因此名聲大振，升為禁軍的最高統帥——殿前都點檢。

西元959年，周世宗柴榮病死，他7歲的兒子柴宗訓即位，政權由年輕的符太后掌管。當時戰禍連綿，邊境不穩，人心浮動，孤兒寡母好不容易撐到年底，準備與大臣們歡聚一堂，共慶春節。

誰知就在大年初一這天，鎮、定兩州突然來報，說北漢和契丹合兵南下，侵犯邊界。符太后趕忙與宰相范質、王溥商量，決定派趙匡胤率軍北上迎敵。

正月初三，趙匡胤率領部隊出發，傍晚時到達離汴京45里的陳橋驛。這時大雪紛飛，天色昏暗，趙匡胤傳下軍令，全體將士就地宿營。

可是，雖然行軍勞累，卻很少有人倒頭就睡。因為大軍離京時就有種種謠言傳出，有人說天上出現了一上一下兩個太陽；有人說大軍出發當天，點檢就會成為天子。所以全軍上下都在悄悄議論，說如今皇上年幼，國家又處在多事之秋，我們這樣拚命打仗，有誰會記得我們的功勞？不如現在就擁立趙點檢做皇帝，然後再去北征，大家也許還能得到些好處。士兵們的議論越來越熱烈，他們當夜就推選出代表，去見趙匡胤的弟弟趙匡義和謀士趙普。

　　趙匡義和趙普心裡非常高興，他們一面叮囑大家保持鎮靜，一面派人飛騎回
京城，去和留守京城的大將石守信、王審琦聯絡，以便內外呼應，確保兵變成功。

　　這時趙匡胤正在宿營的帳篷裡蒙頭大睡，好像事不關己。第二天天剛亮，他就被一
陣陣呼喊聲驚醒，急忙披衣出門。只見一批軍官手持弓箭，跪拜在門前，後面還有無數
軍人呼喊：「我們要趙點檢做皇帝！要趙點檢做皇帝！」他揉著睡眼，迷迷糊糊地問：
「發生了什麼事？」

　　「因為朝廷昏弱，諸將無主，請求趙點檢做皇帝！」跪在面前的將領齊聲說。

　　趙匡胤還想說什麼，趙匡義和趙普已經跑上來，抖開一件早就準備好的黃袍，披在

他的肩上。緊接著眾人齊齊跪下，高呼「萬歲」。

趙匡胤又驚又喜，但做出一副心事重重的樣子說：「你們這些人貪圖富貴，強迫我做天子。可是你們能聽我的命令嗎？」將領們齊聲回答：「堅決聽從萬歲指揮！」

一場黃袍加身的喜劇就這樣演成了。

原來，趙匡胤為了當皇帝，已經做了許多準備。為了給自己奪權製造輿論，他籠絡了一大批文臣武將，在出兵時故意讓人散佈謠言，就連邊境上的急報都是為這場兵變而「製造」出來的。

趙匡胤半推半就地被將領扶上馬，帶兵返回汴京。他鄭重宣佈：軍隊回到京城，不許搶劫，不許侵害朝臣，要保護好符太后母子，違令的一定嚴懲！城內的統兵將領石守信、王審琦也都是趙匡胤的心腹，有他們做內應，穿了黃袍的趙匡胤沒遇到任何麻煩就進了京城。

　　符太后和柴宗訓嚇得不知如何是好。禁軍副指揮韓通不願辜負周朝，匆匆跑回家，準備組織人馬反抗，卻被趙匡胤的親信王彥升發現，趕到家裡把他殺死了。

　　趙匡胤回到官府，剛脫掉黃袍，手下將領就把宰相范質和王溥等人帶來了。趙匡胤流著眼淚說：「我受周世宗的厚恩，正該竭力扶助幼主。今天的事，實在是被六軍逼

迫，我也無可奈何。現在事情鬧成這個樣子，我心裡十分慚愧。我該怎麼辦？」王溥被旁邊的士兵威嚇，趕緊跪拜行禮。范質不得已，也只好跟著行禮，口稱「萬歲」。

無奈，後周的小皇帝柴宗訓只得宣佈禪位。正月初五日，百官雲集在崇元殿，舉行讓位儀式。中午，人都到齊了，才發現缺少周帝禪位的詔書。正在著急時，後周大臣陶谷不慌不忙地說：「大家不要慌，我早就準備好了。」說著從衣袖裡拿出「詔書」來讀。趙匡胤被宰相扶著登上皇帝的寶座，輕而易舉地奪取了皇位，成為大宋王朝的開國皇帝「宋太祖」。

杯酒釋兵權

趙匡胤當皇帝後，一方面剷除後周舊臣中不肯擁護自己的人，另一方面大封爲自己登基出了力的功臣，石守信、高懷德、王審琦等人都做了節度使，慕容延釗（音ㄓㄠ）升爲殿前都點檢。這些事都做好以後，他心裡大大地鬆了一口氣。

可是，在陳橋驛爲趙匡胤黃袍加身出過大力的趙普卻提醒說：「陛下登基雖然是眾望所歸，但很難確保所有人都對您忠心不二。那些立過戰功的人，皇上尤其要小心。」

趙匡胤說：「他們都是我的好兄弟，決不會背叛我的，不必多慮。」

趙普說：「我並不懷疑他們的忠心，不過是舉個例子罷了。但是，他們都不是將才，很難完全制伏部下。陛下可記得這皇位是怎麼得來的嗎？不就是因爲手中有軍隊嗎！如果他們的部下也貪圖富貴，強迫他們弄出點什麼事來，他們又有什麼辦法？」

趙匡胤聽到這裡，不由得心裡一沉。是啊，誰又能保證陳橋驛那樣的事不會出在別人身上？要怎樣做才能使天下長治久安？他不得不認眞思考這個問題了。

有一天，趙匡胤找來趙普，對他說：「自從唐朝滅亡，不過幾十年工夫，帝王就換了八姓，天下紛紛擾擾，戰亂不斷。這是什麼原因呢？」

趙普足智多謀，自稱博覽群書，對天下古今事沒有不明白的。有一次，趙匡胤特意派人去趙普家察看，想知道他的知識和智慧是怎麼得來的，派去的人回來報告說在趙普家只找到半部《論語》。從那以後，「趙普半部《論語》治天下」的美談就流傳開了。但這時聽見皇帝發問，趙普卻含含糊糊地說：「皇上能想到這件事，眞是天地人神共同的福分啊！」

趙匡胤追問：「我想結束戰亂，求得長治久安，使國家政治清明，百姓安居樂業，該從哪裡著手呢？」

趙普見皇帝態度認眞，這才回答說：「天下紛亂不休，朝代頻繁更換，這都是因爲將權重，君權輕，君弱臣強，尾大不掉，指揮失靈。如果收回地方節度使的權力，控制住他們的錢糧，將全國精兵集中在皇帝手裡，天下就能太平無事了。」

「好了，我明白了。」趙匡胤不等趙普把話說完，就把事情的頭緒理清了，就此下了解決問題的決心。

不久，趙匡胤就把慕容延釗的殿前都點檢撤了，讓他去地方做了一個節度使。那些功臣們感到很不安寧，擔心「卸磨殺驢」的事情會落到自己頭上。但趙匡胤好久沒有新的行動。他在琢磨既讓軍將們交出兵權、又讓他們毫無怨言的萬全之策。

　　西元961年夏天的一個夜晚，趙匡胤大擺宴席，請石守信、高懷德等人來喝酒。大家雖有君臣之分，卻都曾是朋友和兄弟，喝起酒來也就無拘無束。三杯酒下肚，趙匡胤很有感情地說：「咱們原本都是好兄弟呀！像這樣的宴會，以前是三天兩頭要舉行的。自我受禪以來，國事太多，卻很少舉行了，咱兄弟們也顯得生疏了。」

　　石守信說：「這沒什麼。萬歲執掌天下，我們大家都很高興。雖說在萬歲面前喝酒的時候少了，我們自己在下面可沒少喝呢！」

　　沒想到趙匡胤重重地嘆了口氣，說：「你們倒是痛快，我這一年多，可是沒睡過一個安穩覺啊！」

　　眾人都覺得奇怪，忙問：「這是為什麼？」

　　趙匡胤說：「你們想想，皇帝位子只有一個，誰不想來搶奪。我能不擔心嗎？」

　　眾人這才聽出了皇上的言外之意，紛紛表態說：「我們

既然保萬歲登極，就不會有二心，一生都
會爲您效犬馬之勞……」

「我們是怎樣的關係！難道我還信不
過大家嗎？」趙匡胤打斷了眾人的
話，又說，「我的意思是，如果
你們手下也有人想把黃袍加在你們的身上，你
們能做得了主嗎？」

這一問，把大家都問出一身冷汗。他
們紛紛離開坐席，爬在地上叩頭，有人甚至
嚇哭了。

停了好大一會兒，趙匡胤才說：「如果到那時侯，咱
們君臣火拼起來，無論誰勝誰敗，都不好。所以，爲了不

發生這樣的事情，還是應該及早想個辦法才好。」

眾人好像又看到了一條生路，趕忙說：「萬歲有什麼好辦法，請快快告訴我們！我們一定照辦！」

趙匡胤裝做很隨便的樣子說：「人生是十分短暫的，就像白色駿馬從門縫前一閃而過。人們追求榮華富貴，不過是想得到更好的享受，並為子孫打下幸福的根基。諸位都是明白人，現在功成名就，為什麼不放棄兵權，到地方上去做大官，多買些歌兒舞女，天天飲酒作樂。再買些好房好地，留給子孫，也算是快快活活的一輩子。我們的兒女還可以結成親家，咱們既是君臣，又是親家，國就是家，家就是國，這該是多麼的好啊！」

這些話既是勸告又是警告，眾人聽得心驚肉跳，連忙拜謝皇上恩重如山，都表示願意交出兵權。

這時，趙匡胤卻笑著說：「大家不要這樣，快快起來，咱們君臣再痛飲一杯。」

人們不敢不喝酒，可酒喝下肚去卻十分不是滋味。

第二天上早朝時，石守信、王審琦等人都稱自己年老多病，要求解除軍職。趙匡胤含笑逐一批准，只給石守信留下一個「侍衛都指揮使」的空銜，其餘的人都賞給一個「節度使」的職位。但宋朝的軍權都由各州的長官掌管，「節度使」也是個空銜。就這樣，趙匡胤不用一刀一箭，只用一杯酒就把兵權收在了自己手裡。

後來，趙匡胤又用同樣的辦法，陸續收回各地將領的兵權。為防止武人作亂，他還把禁軍分成三個部分，並提高了文官的地位，不僅讓文官做州縣長官，還讓他們擔任中央六部要職。這些措施，徹底扭轉了唐末以來藩鎮割據的局面。

不過，「杯酒釋兵權」也帶來一個不良後果，那就是能打仗的人越來越少，邊鎮防禦能力減弱。後來宋朝跟鄰國打仗總占下風，就與此有很大關係。

楊家將

　　契丹是北方的一個民族，西元916年建國，後來改稱遼國。西元936年，後唐將領石敬瑭反叛，受到後唐軍隊的圍攻，急忙向遼國求援。遼國皇帝耶律德光率軍進入中原，滅了後唐，封石敬瑭爲後晉皇帝。爲了報恩，石敬瑭竟自稱「兒皇帝」，還把燕雲十六州送給了遼國。

　　宋朝建立後，爲收復這一片土地，和遼國展開了一場又一場大大小小的戰爭，並湧現出許多英雄人物，楊業就是其中的一個。

　　楊業原名楊繼業，是北漢國的大將。他足智多謀，英勇善戰，是馳名天下的英雄好漢，被北漢皇帝賜姓劉。西元979年，北漢滅亡，宋太宗趙光義十分欣賞楊繼業的忠勇，恢復了他的原姓，同時賜單名一個「業」字。

　　宋太宗想趁著平息北漢的有利時機，奪回燕雲十六州，於是親自領兵北上，很快攻下了易州等地。但在高梁河一戰中，宋軍被遼兵三面夾擊，大敗後潰不成軍，宋太宗身邊的打傘人和護將也被殺死了。宋太宗趁著天色昏暗拚命奔逃，結果連人帶馬掉進了泥潭。正在絕望之時，一隊人馬打著火把過來了，原來是押運糧草的楊業。楊業剛把皇上和他的坐騎拉出泥潭，遼兵就追了過來。楊業和兒子楊延昭立即上前迎敵，沒幾回合就把兩名遼將刺死在馬下。遼兵失去主將，無心再戰，宋軍這才喘了一口氣，整頓敗卒，收軍南下。

楊業剛歸順宋朝就立了大功，深受宋太宗信任。代州是宋朝的要塞，太宗惟恐代州有閃失，於是派楊業做了代州刺史。

西元980年，遼國又出動10萬大軍，進犯雁門關。雁門關是代州北邊的重要門戶，一旦陷落，代州也就保不住了。當時楊業手下只有幾千兵馬，知道不能跟敵人硬拚，便把兒子延玉和延昭叫來，商議克敵制勝的辦法。大家決定留下大部分兵力駐守代州，由楊業率領幾百名騎兵，沿山裡的小道繞到敵軍的背後。

遼軍一路南下都沒有遇到什麼阻擋，正得意揚揚，不想背後殺聲突起，滾滾煙塵中，一支騎兵像旋風一樣衝殺過來。遼兵被殺得暈頭轉向，頓時大亂。遼朝駙馬蕭咄（音ㄉㄨㄛ）李揮舞大斧衝向楊業，兩人你砍我刺，打得不可開交。突然，楊業大喊一聲，蕭咄李嚇了一跳。楊業趁勢一刀砍去，蕭咄李人頭落地。遼軍紛紛潰逃。楊家軍乘勝追殺，遼軍相互踐踏，死傷眾多。這一仗大煞了遼國的威風。從此，遼軍稱楊業為「楊無敵」，遠遠一見「楊」字大旗掉頭就跑。

西元986年，遼景宗病死，即位的遼聖宗只有12歲，蕭太后垂簾聽政。蕭太后小名燕燕，明智果斷，十分能幹。可是宋太宗卻小看了她，又想趁機奪取燕雲各州。於是派三路大軍北上，攻打遼國。楊業被安排在西路軍中，作為主將潘美的助手。

三路大軍分頭出擊。西路軍很快打下了寰、朔、應、雲四個州，收復了大片土地。東路軍將領急於爭功，不顧糧草短缺，貿然孤軍深入，被打得大敗。

因為主力遭受損失，宋太宗命令各路軍隊撤退。宋軍主力從應州撤退，遼軍乘勢攻佔了寰州。宋太宗立即命令西路軍，設法把已經攻克的四州百姓撤到內地來。這時，寰、應兩州得而復失，雲州、朔州都離敵人很近，撤離百姓的任務相當艱巨。

楊業建議派兵佯攻應州，吸引遼軍主力，讓雲、朔兩州的軍民借機向南撤退。可是監軍王侁（音ㄕㄣ）不贊成，他說：「我們有幾萬精兵，為什麼要怕遼軍？」堅持讓宋軍走雁門關北邊的大道，好讓敵人看見了害怕。

楊業說：「現在敵強我弱，不避開敵人的鋒芒，我們要吃大虧的！」王侁面帶譏笑說：「你不是號稱楊無敵嗎？怎麼這樣畏縮？該不是心裡另有打算吧！」

楊業十分氣憤，強壓住心頭怒火說：「我不是怕死，只是不願讓士兵白白去送死。監軍這樣責怪我，我就領兵打頭陣好了！」

楊業出發前，流著淚對潘美說：「這一仗註定要失敗的。我本來想等待時機，多殺敵人報效國家，現在不得不去先死了。」他用手指著陳家谷口，說：「請各位在這裡準備好步兵和弓箭手，待我轉戰到這裡時，你們與我兩面夾擊敵軍，或許還能轉敗為勝。否則我就死無葬身之地了！」

　　楊業和兩個兒子出兵不久，就遭到大隊敵軍的伏擊。他們從中午苦戰到傍晚，好不容易殺出重圍，邊打邊向陳家谷撤退，滿心指望能得到潘美的接應。誰知退到約定地點，卻連個人影都沒有！楊業看著身邊的殘兵，口呼蒼天，淚水奪眶而出！他讓延昭殺出去，或許能找到救兵，即使找不到，也一定要報告天子。接著又對僅剩的100多名部下說：「你們各有父母妻子，不必跟著我一起送命。趕快突圍出去吧！」

　　可是部下沒有一個人離開，最後全部在血戰中犧牲。楊業身受幾十處傷，仍然堅持戰鬥，直到戰馬被敵人射倒，自己墜地被俘。延玉也戰死了。

　　楊業被帶回遼軍的大營。他拒絕敵人的勸降，絕食三日，壯烈殉國。

　　原來，潘美和王侁如約去了陳家谷，等了半天不見楊業的身影，還以為他已打了勝仗，追擊遼軍去了。為了早點兒回去搶報軍功，王侁領軍先離開了。潘美早就嫉妒楊業的戰績，隨後也跟著走了。剛走了20多里，卻聽說楊業打了敗仗，兩人一慌，便領兵退到代州，不再管楊業的死活。

　　楊業死後，他的兒孫繼承了他的事業，為大宋守衛邊關，立下了許多戰功。人們尊敬地稱他們為「楊家將」，把他們的忠勇事蹟千古傳誦。

澶淵之盟

宋太宗鼓足勁和遼國打了幾仗，不但沒收回燕雲十六州，反而損兵折將，大敗而回，從此不敢主動出擊，完全採取守勢。

西元997年，宋太宗病死，他的兒子趙恆繼位，即宋真宗。遼軍又趁機蠢蠢欲動了。西元1004年，遼聖宗和蕭太后率領20萬大軍，從幽州出發，一路向南，20多天就打到了黃河北岸的澶州城下。

澶州跨黃河分為南北兩城，離宋朝京都汴京（也稱東京）很近。遼軍氣勢洶洶而來，宋朝君臣一片驚慌。宋真宗沒有太祖、太宗那樣的本事和膽量，又急又怕，心煩意亂。大臣王欽若、陳堯叟（音ㄙㄡˇ）等都主張到南方躲避。王欽若是江南人，勸真宗去金陵（江蘇南京）；陳堯叟是四川人，主張真宗去成都。真宗猶豫不決，趕緊問宰相寇準該怎麼辦。

寇準說：「給陛下出這種壞主意的人應當殺頭！大敵當前，如果陛下真的躲到南方去，民心將會崩潰，士氣必然低落，契丹人趁機進攻，國家就保不住了。現在我們除了迎戰，別無選擇！只要皇上御駕親征，士兵努力作戰，敵軍必定會撤走。即使我們不打，只堅守城池，他們遠道而來，不能持久，最終也會不戰自退！」

宋真宗是個膽小鬼，不敢上前線，想趕快退朝逃避。寇準大膽阻攔，說：「陛下一旦進入後宮，我們文武群臣就很難再向陛下說上話了，這樣一定會貽誤戰機，壞了國家大事。請陛下這就出征，直奔前線。」宋真宗不得已，只得一面派人去向遼國講和，一面下詔宣佈親征。為了消除逃跑人士對皇上的影響，寇準又把王欽若調到大名去防禦遼國騎兵。

真宗雖然出了汴京，但聽說契丹人打仗非常厲害，一些州縣的守軍不戰自潰，王欽若也在大名失利，就害怕起來，不想往前走了。寇準心裡相當惱怒，毫不客氣地說：「現在敵人的騎兵已經逼近，人心浮動，陛下只可進尺，不可退寸！」

宋真宗拿不定主意，在一些大臣的慫恿下，又動了逃往南方的念頭。寇準只得耐著性子勸說：「國家存亡，在此一舉。陛下早日到前線，軍士一定信心百倍；如果掉頭向南，必將眾心瓦解，局面不可收拾！」沒有主見的真宗仍然皺著眉頭，一聲不吭。

殿前都指揮使高瓊聽說皇帝又想後退，心裡特別生氣。他決定去助寇準一臂之力，於是跪到真宗面前，說：「跟隨陛下出征的士

兵，父母妻子都在汴京，他們決不願拋下家人，跟皇上逃到南方去。即使強迫他們南下，也會在路上逃跑。皇上只要肯到澶州，我們就一定拚死力戰，殲滅倡狂的遼軍！」

這時，澶州守將李繼隆派人來報捷，說遼軍前鋒官蕭撻（音ㄊㄚˋ）覽督軍攻城，被守城宋兵射中了額頭，一命嗚呼。遼軍士氣也不像先前那樣旺盛了。真宗有了點信心，總算磨蹭到了澶州的南城。

然而真宗害怕離敵人太近，會有危險，又不想過河了。高瓊就指揮士兵推車前進，還一語雙關地罵道：「到了這裡還不快走，還猶豫什麼！」

真宗不得已到了北城，在城門樓上立起了黃龍傘旗。全軍士兵頓時歡呼雀躍，聲音傳到幾十里外。真宗看到這陣勢，又高興起來，一面撫慰士兵，一面派寇準處理軍機要務。

寇準打退了遼軍幾次進攻。遼軍受了挫折，加上孤軍深入，糧草供應困難，對繼續前進失去了信心。已經投降遼國的宋將王繼忠借機勸蕭太后與宋朝講和，蕭太后馬上答應了。宋真宗更巴不得儘早結束戰

爭，於是雙方各派使者，
來回商談。

　　遼方一開始提出要
瀛州和莫州，作爲退兵
的條件。宋方説這
些土地歷來就屬於大
宋，一尺一寸都不能給，情願
給些金銀布帛。這也正對蕭太
后的心思，於是雙方爲錢帛的多
少爭來談去。

　　宋朝使者曹利用請眞宗給個
大概的數額。眞宗急於議和成

功，說：「實在不得已，給他們歲銀100萬兩也行。」等到曹利用走出行宮，寇準就上前警告他說：「雖然皇上答應給那麼多，但你跟對方談判時不許超過30萬。超過這個數目，回來我砍你的腦袋！」曹利用唯唯喏喏，連聲答應。

雙方經過討價還價，最後達成「澶淵之盟」：遼聖宗稱宋真宗為兄長，雙方不再打仗；宋朝每年給遼國白銀10萬兩，絹20萬匹，折合白銀約30萬兩。

曹利用回來時，宋真宗正在用膳，不能馬上召見，就派太監訊問許了遼國多少錢帛。曹利用伸出三個手指頭，比劃了一下。太監回去報告說：「曹利用伸出三根指頭，可能是300萬吧。」真宗一聽大驚失色，大聲叫起來：「太多了！」想了一想，又說：「只要能了結這椿事，就由他去吧！」

得知實際數目後宋真宗大喜過望，好像佔了天大的便宜，連聲誇獎曹利用會辦事，並重重地賞賜了他。

無論是戰是和，寇準都有功勞，但他也因此得罪了那些勸皇帝南逃的人。後來王欽若當了殿閣大學士，誣陷寇準挾持皇帝到前線冒險，還簽定了城下之盟，讓皇帝蒙受恥辱。真宗本來把澶淵之盟看做一生中最得意的事，聽王欽若這樣說，心裡涼了半截，不怪自己，反倒怪罪寇準。後來真宗找碴，罷了寇準的相職，將他貶到外地去了。

　　宋朝與遼國講和了，西夏又來侵擾。儘管宋朝君臣非常不想打仗，卻不得不鼓起勇氣，投入戰爭。雙方打得精疲力竭時，又用議和解決問題——宋朝每年給西夏大量的銀子、絲絹和茶葉，換取西夏接受宋朝的封號。這樣，宋朝的負擔更加沉重，國力越發衰弱。

　　就在宋、遼、夏戰戰和和、互相消耗時，居住在長白山和黑龍江流域的女眞族迅速崛起。女眞人一直處於遼國的統治之下，後來遼國日趨沒落，女眞人便在完顏阿骨打的帶領下起兵反叛，並在西元1115年稱帝建國，這就是「大金國」。

　　西元1117年，金軍南下攻遼。消息傳到宋朝，宰相蔡京和宦官童貫對在位的宋徽宗說：「遼國支撐不了幾天了。如果我們能和金主聯絡，南北夾擊，共同滅遼，那麼燕雲十六州的土地就可以趁機收回。」

　　宋徽宗聽了非常高興，以爲是天賜良機，就派大臣馬政出使金國，探聽虛實。馬政扮成牛販子，從山東登州乘船，走海路進入金國，見到金太祖阿骨打。

　　阿骨打聽了馬政的話，和大臣們商議了3天，然後派一個使者跟著馬政到了宋朝，還給宋徽宗帶了北珠、生金、貂皮等名貴特產。到了汴京，金國使臣才說金國贊成聯合滅遼，條件待議。

　　這時，宋徽宗覺得遼國還很強大，只怕一時難以消滅，又猶豫了。他派使臣領著兩個畫師出使遼國，讓畫師把遼主的頭像畫下來。徽宗拿到畫像看了半天，覺得這遼國君主確實是一副亡國之相，才下了聯金滅遼的決心。西元1120年，宋徽宗派使臣趙良嗣去金國正式簽訂協約。

　　金太祖對聯宋滅遼的事已經做過精密的算計。透過使臣的幾次來往，他對宋朝的情況基本上了解了，認爲這件事無論如何都對金國有利。所以聽說宋朝使臣來簽約，他的眼睛頓時亮了起來。

趙良嗣提出，宋軍出兵攻遼，要的是燕雲十六州。金太祖說：「遼國的土地應該都歸我金國。不過，看在宋金剛剛和好的份上，燕雲一帶就給了宋朝吧。但你們要把以前給契丹的歲幣給我大金，否則就別簽約。」宋朝收回燕雲國土的心情實在迫切，就按金太祖的意思簽了約。

　　宋徽宗在寫字和畫畫都是個好手，治理國家卻十分無能，而且荒淫無恥，腐敗不堪。他信任的蔡京、童貫等人更是一幫貪官污吏，把朝廷搞得一片烏煙瘴氣，老百姓都恨得咬牙切齒。國家已處在風雨飄搖中，他卻想靠外族的力量收復燕雲舊地，真是利令智昏！

後來的歷史證明，聯金滅遼的計畫，對宋朝來說就等於引狼入室！

按照雙方簽訂的協約，金軍負責攻取遼國的中京，宋軍負責攻取燕京。西元1122年，金兵首先行動，很快攻陷了遼國的中京和西京，逼得遼國的天祚帝倉皇逃到大漠以北，連傳國玉璽都丟在了桑乾河裡。這時，宋徽宗以為有機可乘，就派童貫領兵北上，前去搶奪燕雲一帶。沒想到一和遼兵交手，宋軍就被打了個落花流水。徽宗嚇得直出冷汗，急忙命令班師回朝。

不久，遼國在燕京新立的皇帝耶律淳死了。童貫和蔡京的兒子蔡攸（音ㄧㄡ）趁機率領20萬兵馬北上。大軍到達涿州時，遼國守將郭藥師開門獻城。形勢本來對宋軍十分有利，可是，宋軍都統帥劉延慶以為宋軍人多，怎麼打都能贏，所以在進軍燕京時，軍隊鬆鬆垮垮，漫不經心。結果，走到良鄉，遇到遼將蕭幹的阻擊，一開仗宋軍就被打散了。劉延慶急忙命令修築營壘，閉門不出。

蕭幹返回良鄉，決心利用宋軍貪生怕死的心理，好好教訓教訓他們。正巧，士兵抓住了宋軍押糧官王淵，蕭幹立刻計上心來……

王淵被蒙上眼睛，和幾個宋軍俘虜關在一起。夜晚，他正在思索逃脫之計，忽聽外面幾個遼兵正在議論軍情，說30萬援軍今夜就到，已經和蕭將軍約好舉火爲號，分兩路進攻宋軍大營，先殺叛將郭藥師，再把宋軍殺得一個不剩……

到了後半夜，王淵故意弄出很大的聲響，看守的遼兵也沒有反應。確信他們都睡著了，王淵就讓幾個宋兵輪番來啃咬他身上的繩子。繩子斷了，他又給其他士兵解開繩子，一同逃了出去，把聽來的情況報告了劉延慶。

劉延慶嚇得臉都白了，兩腿直發抖。天快亮時，遼營方向突然火光沖天。劉延慶以爲30萬遼軍已到，急忙下令火燒兵營，立即撤退。宋軍糊裡糊塗地燒掉了軍帳糧草，倉皇南逃。蕭幹大笑，率軍一路追擊。宋軍只管逃命，連回頭看看虛實的膽量都沒有。膽小無能的宋朝軍將成了燕京人的笑料。

宋軍偷雞不成反蝕一把米，大傷元氣。童貫爲了掩蓋自己的罪責，秘密派人去見金太祖，請求金兵攻打燕京。金軍突破雁門關，直撲燕京，所到之處，勢如破竹。遼軍不戰而潰，燕京落入金軍手裡。就這樣，遼國的根基被徹底剷除了。

宋軍的表現讓金太祖又好氣又好笑。他說燕雲一帶既然是金人攻取的，就該屬於金國。宋朝使臣趙良嗣還想爭辯，金太祖發怒說：「你朝大將劉延慶領兵15萬，卻不戰自潰，你大宋還有什麼資格說話！」趙良嗣羞得再也說不出話來。

後來，宋朝答應給金國40萬「歲幣」，另加100萬貫錢，總算得到了燕京。金兵撤退時，將燕京的財物人口全部擄走，宋朝花大價錢買到的，只是一座空城。

不僅如此，這次合作還使金朝看透了宋朝的腐朽虛弱，大宋王朝危在旦夕！

靖 康 國 難

　　西元1125年10月，金軍兵分兩路南下攻宋。西路軍由粘罕統率，攻擊太原；東路軍由宗望統領，攻擊燕京。兩軍相約11月在宋朝都城東京會師。

　　東路軍很快打到燕京。郭藥師一看金軍確實屬害，就像當年開門投降宋軍那樣，又把金軍迎進城來，並爲金軍做嚮導，轉而攻擊宋軍。宗望得了郭藥師，如同多了一雙眼睛，向著東京長驅直入，不幾天就離東京只有10天路程了。

　　宋朝對這一切毫無準備。自從得了燕京，宋徽宗以爲大功告成，就盡情地奢侈享樂，耗盡民脂民膏也在所不惜。他寵倖的幾個大臣更是爲非作歹，把朝廷搞得混亂不堪。現在，金軍打到眼前了，他們只會驚恐地團團轉。宋徽宗拉住一個大臣的手，說：「眞想不到啊！和約也簽了，錢也給了，金人卻這樣對待我！」

　　誰也不能回答皇上金人爲什麼要這樣對待他。望著一個個呆若木雞的大臣，徽宗急得差點暈過去。想來想去，他決定讓太子趙桓留守京城，自己去東南「巡幸」。幸虧有個叫吳敏的大臣，聽說後匆匆忙忙跑去勸阻，並推薦李綱領兵防守京城。徽宗答應了。

　　李綱原先也在朝中做官，因爲總愛提不同意見，官越做越小，最後竟被貶到沙縣收稅。在這國難當頭時被委以重任，李綱決心不負眾望，爲國效力。他認爲徽宗皇帝早已失去民心，要激發軍民的抗敵熱情，必須換皇帝。於是他寫了一封血書，請求徽宗傳位給太子。

　　徽宗也知道自己即位以來，做了許多不得人心的事情，但讓他就此退位，他卻不甘心。偏偏金兵逼近的警報又接連傳來，徽宗在氣恨交加中一下子暈倒了。甦醒後，他寫下「傳位東宮」幾個字，然後帶著一批寵臣，連夜逃到南方去了。

　　太子趙桓只有15歲，眼見國家已到了覆亡的邊緣，也明知自己沒有力量把將要倒塌的大廈支撐起來，所以拚命抗拒，不肯接受皇帝之位。被眾人強迫到福寧殿即位時，他竭力掙扎，跌倒在地，昏死過去。後來經大臣們反復勸說，他才答應接了皇位。趙桓就是宋欽宗。

　　欽宗任命李綱爲兵部侍郎，然後下詔親征金兵。

宋軍的窩囊實在出人意料。靖康元年（西元1126年）正月，金兵抵達黃河邊，宋將急忙向河南逃跑，把浮橋也燒了。金兵只得找漁船渡河。兵多船少，金將兀朮十分害怕宋軍借機殺來。誰知渡了5天，宋軍連個人影也沒出現。接著，降將郭藥師又把宋朝的2萬匹良馬和飼料搶走了。

　　宗望的軍隊越逼越近，京城的局勢一天天吃緊。欽宗雖然表示要抗金，卻暗中和投降派宰相白時中、李邦彥商量逃跑的事。李綱挺身而出，堅決勸阻皇上不要南逃，說：「太上皇傳位給皇上，是要皇上留守京城。皇上怎麼能放棄京師呢？京師丟失，國家就會滅亡呀！」

白時中卻說：「金兵來勢兇猛，京城危急，李侍郎可有退敵良策？」李綱說：「良策就是公開迎敵，並下詔讓各地軍兵前來救援。」欽宗問：「可誰能帶兵守城呢？」李綱回答：「朝廷用高官厚祿供養大臣，為的就是急難時有人可用。白、李二位宰相自當肩負守城重任！」

　　兩人一聽，頓時急出一身大汗，氣急敗壞地說：「你說得這麼好聽，那就讓你守城吧！」李綱從容地說：「只要皇上下定抗敵決心，我自當萬死不辭！」

　　欽宗決定暫不逃跑，並派李綱帶兵守城。

　　可是過了兩天，欽宗又想逃跑。李綱上朝時，看見皇上的車駕即將啟程，急忙大聲問禁衛軍：「諸位士兵，你們願意守城還是願意跟著皇上去南方？」

　　「我們願意死守京城！」禁衛軍士兵齊聲回答。

　　欽宗心裡有些害怕，怕禁衛軍不想保他南逃。李綱趁機左勸右說，欽宗也覺得南逃不是好主意，再次同意留下來。李綱大聲宣佈：「皇上已經決定留守京城，有誰再敢提逃跑的建議，一律按動搖軍心論處！」

　　士兵們聽了歡呼雀躍，齊聲高呼「萬歲」，許多人興奮得淚流滿面。

　　李綱立即著手佈置城防。短短三天，一切準備就緒。這時，金軍已到城下，宗望用火船發動火攻。李綱派出2000名敢死隊員在城下列陣，用撓鉤鉤住敵船，城上的守兵再扔下火油、磚石，把敵船全部燒毀、擊沉。金兵又用雲梯攻城。城上守兵推下檑木，發射火炮，城下的敢死隊員又放火焚燒雲梯。金軍再次失敗。

　　李綱帶領軍民專心對敵，節節勝利，宋欽宗卻準備和金國議和。李綱竭力反對，欽宗不聽。李綱請求親自去談判，欽宗卻說：「你性情太剛烈，不可以去。」

　　宋朝使臣李梲（音ㄓㄨㄛ）帶回來的金人議和條件極為苛刻。沒想到欽宗和李邦彥等人都表示：只要不打仗，什麼條件都答應！這時，從各地趕來的20萬援軍陸續到達。欽宗又想挽回點損失，便派兵去偷襲金營。偷襲沒有成功，卻惹惱了金人。宗望派人來指責欽宗背約。李邦彥等人嚇壞了，把責任全推給李綱。欽宗為了討好金人，竟罷了李綱的官職。

　　消息一傳出，激怒了京城百姓。太學生陳東等人聯名上書，要求恢復李綱官職，罷免李邦彥一夥國賊。數萬軍民不約而同地聚集在皇宮門前，呼聲震天動地，把宮門前的「登聞鼓」都敲爛了。一些宦官來逞威風，立刻被憤怒的人們打死。

　　欽宗見眾怒難犯，只好恢復李綱的官職。金兵見京城士氣如此高昂，也決定退兵。

　　這一下，欽宗以為天下真的太平了，急忙派人去接太上皇回京。李綱提醒他要提防金兵再來。欽宗反而嫌他多事，把他調到外地去了。

　　靖康二年（西元1127年）二月，金兵果然再次南下，很快就打到了東京城下。欽宗不率領軍民抵抗，卻相信騙子郭京的鬼話，打開城門，讓郭京請「神兵」退敵。結果「神兵」沒來，金兵卻衝進城來，將國庫裡的財物珍寶搶掠一空。隨後，他們便把徽宗、欽宗及皇族、百官3000多人，像牛馬一樣驅打著掠回了大金國。北宋就此滅亡。

黃天蕩

　　宋欽宗等人被金兵擄走後，康王趙構是唯一留在中土的皇家後裔。西元1127年夏天，趙構在南京（今河南商丘）即位，建立了南宋政權。趙構就是宋高宗。

　　趙構畏懼金兵，寧可放棄黃河以北的大片土地，逃到南方的揚州去。這樣，北方的軍事重鎮相繼落入金人手中。可金人並不就此滿足，他們看透南宋朝廷軟弱可欺，繼續向南大舉進犯。高宗嚇得瘋狂奔逃，先是到了鎮江，接著又逃到杭州。

　　西元1129年10月，金軍由四太子兀朮統率，分兩路南下，把宋高宗趕得無處藏身。最後，他只好逃到船上，在海面上漂泊。兀朮一直追到海邊，不見高宗蹤影，便放縱金兵在江南一帶燒殺搶掠了近半年，這才收兵北上。誰知，他在半路上卻讓韓世忠和岳飛狠狠地揍了幾次，還差點丟了腦袋。

　　韓世忠是延安人，出身貧苦，18歲就從軍，練得一身好本領，力大無比，作戰勇敢。他的夫人梁紅玉也是女中豪傑，懂戰略，精武藝，經常協助丈夫指揮作戰。自從金

兵入侵以來，韓世忠曾兩次與金兵遭遇，卻都打了敗仗。現在他決心扼守長江，讓兀朮有來無回。

　　西元1130年3月的一天，兀朮領著10萬大軍準備從鎮江渡江。他們看見長江北岸佈滿戰船，宋軍戰旗迎風招展，心裡不禁有些害怕。可是聽說韓世忠只有8000水軍，兀朮又高興起來。他有10萬大軍，又有渡江作戰的經驗，對付區區8000人當然不在話下，於是下令開船，向對岸衝殺。可是一直打到天黑，金軍仍然沒能突破宋軍的防線，只見那艘插著「韓」字大旗的樓船巋然不動。兀朮很沮喪，只好收兵回營。

兀朮帶著4個親兵，爬上金山，準備從最高處的龍王廟窺探韓世忠的陣勢。韓世忠早料到他會有這一招，已在龍王廟裡安排下200名伏兵，山腳下也埋伏著200名精兵，要活捉金軍主帥。

　　兀朮大搖大擺走進龍王廟，忽然聽到一陣鼓聲，埋伏的宋軍衝殺過來。兀朮大驚失色，撥馬就逃。可惜山腳下的伏兵晚了一步，沒抓住兀朮，只抓住他的兩名隨從。韓世忠在樓船上觀望，看見兀朮逃脫，心裡非常惋惜。

　　兀朮差點送命，惱羞成怒，當即派人通報韓世忠，要在第二天決一死戰。這時梁紅玉對丈夫說：「敵眾我寡，不能跟他們硬拚，只能以智取勝。明天交戰時，我在正面防禦，用炮箭打擊金軍。將軍帶領左右兩軍，在側翼迎敵，以我在樓船上的旗子爲號，我的旗子指向哪裡，將軍就打向哪裡。」

　　第二天，兀朮領著精兵強將幾萬人，駕著戰艦殺向江北。發現宋軍樓船上坐鎮的是一員女將，兀朮很納悶，卻也有幾分輕鬆。他以爲女人難成大事，便傳令進攻。

　　梁紅玉見敵船越來越近，親手擊響了戰鼓。宋軍萬箭齊發，火炮齊鳴，人人爭先，個個奮勇，不一會就把金軍打得大敗，人死船破不可勝數。兀朮急忙掉轉船頭，準備逃跑，卻見一支宋軍迎面殺來。衝在前面大船上的正是韓世忠。兀朮不敢接戰，命令部將抵擋，自己轉舵逃跑。誰知剛跑沒多遠，又被一隊宋軍擋住。爲首的還是韓世忠。兀朮心裡發虛，直喊「見鬼」。

　　這時，兀朮的女婿龍虎大王衝過來迎戰韓世忠，兀朮這才逃脫了。龍虎大王卻被宋軍用撓鉤拉進水中，活捉上岸。

　　兀朮損兵折將，知道難過韓世忠這道關，就派人去向韓世忠求情，說願意交出所有搶來的財物，只求放他們過江。韓世忠嚴詞拒絕了。

　　兀朮沒有辦法，只得率軍逆水向西，韓世忠則緊隨不放。金兵無路可走，竟全部退到了黃天蕩。

　　黃天蕩是個死港，只有進路沒有退路。兀朮不知底細，只管往裡退，被韓世忠封住了出路。

　　兀朮幾次組織突圍都失敗了，整天愁眉苦臉。他再次派人去求情借道，說如果韓世忠饒了他這次，以後他再不敢南下。韓世忠大怒，說：「還我大宋的兩個皇上，恢復我大宋的全部疆土，我就放他。否則我只能與他決一死戰！」

　　江北的金兵得知兀朮被困，派小船前去接應。可是韓世忠的戰船守候在江面，金兵一出現，便分兩路上去夾攻。金兵的小船一隻接一隻沉入江底，後面的敵兵害怕了，趕緊掉轉船頭逃回江北。兀朮垂頭喪氣，想不明白小船爲什麼自己會沉。

　　原來，宋軍的大船上都有用鐵鏈連接著的大鐵鉤，金兵的小船一靠近，宋軍就甩出鐵鉤，鉤住小船，然後在大船上用力收緊鐵鏈，小船很快就被掀翻了。

　　兀朮在黃天蕩被圍困了48天，糧草將盡，士氣低落。自出兵侵宋以來，他第一次遇到如此強有力的對手，第一次被打得如此狼狽。正在他走投無路，焦急萬分時，他的部將用重金收買當地的百姓，結果有個見利忘義的傢伙出來指點，說黃天蕩北邊有條淤塞已久的河道，只要把它挖通，就可通向秦淮河。

　　兀朮大喜，立即派兵日夜開挖。金兵被困久了，急於脫險，聽說有路可逃，都拚命挖河，30多里淤塞的河道很快就挖通了。夜裡，兀朮令士兵沿著河道悄悄爬行，天亮前全部到達上游的河口，立即放船入江。等到韓世忠的軍隊發覺，金兵的船隻已經大部分放入長江，他們邊逃邊射出火箭，阻擋追趕的宋軍。就這樣，金軍船隻逃脫出來，陸續到了長江北岸。

　　韓世忠因大意讓敵人逃脫了，但48天的圍困使金兵遭到前所未有的挫折，戰局也就此扭轉過來。

莫須有

金國的滅宋之心一直不死。1140年，金人撕毀雙方簽訂的盟約，大兵南下。南宋軍民奮起反擊，不斷取得勝利。駐紮在湖北安陸的岳飛再次顯示出英雄本色。

岳飛是河南湯陰縣人，出生不久就遇上黃河氾濫。母親急中生智，抱他坐進一口大缸，隨波逐流，最後終於得救。在北宋將亡的危急關頭，母親在岳飛背上刺下「精忠報國」四個字，把他送進抗金隊伍。岳飛從軍後第一仗就打得不同凡響。那時趙構還是康王留在河北，有人將岳飛舉薦給趙構。趙構就命岳飛隨劉浩去東京解圍。走到滑州，突然碰上了金軍，岳飛單槍匹馬殺了進去，爲打敗金兵立了大功。在這以後的幾次大戰中，他又屢立奇功，從普通士兵成長爲軍將。他的部隊也被稱爲「岳家軍」。

還有一年冬天，金兵攻佔了襄陽六州。岳飛聞報非常憤怒，連連上奏要求收復六州。隨後，他領著大軍僅用了3個月便將失地全部收復。當時岳飛只有33歲。

這次金兵再度入侵，宋高宗又記起了岳飛，馬上下了一紙飛詔，任他爲少保，率兵支援中原。

岳家軍攻無不克，很快打到了黃河邊。岳飛讓部將張憲、牛皋（音《）、楊再興等分頭行動，自己在郾城坐鎮指揮，準備實現他「收拾舊山河」的理想。

金軍主帥兀朮被岳家軍打得暈頭轉向。此時，他決定趁郾城空虛，以多打少，與岳飛一決雌雄。消息傳出，一時人心惶惶。宋高宗更

愁得吃不下飯，睡不好覺，特地下詔給岳飛，不許他「輕啟戰端」。可來傳達詔令的李若虛見岳飛從容鎮定，岳家軍士氣高昂，不但沒有強迫岳飛遵旨行事，反而勸岳飛繼續前進，要是皇上怪罪下來，責任由他來承擔。

　　岳飛很受鼓舞，每天派人前去叫戰。兀朮忍耐不住，精選15000輕騎兵，將戰馬一排一排地連在一起，起名叫「拐子馬」，打算一舉掃平郾城。

　　岳飛的兒子岳雲首先出戰，手持兩柄大鐵錘橫衝直撞。金軍無人敢擋，紛紛潰退。兀朮大怒，指揮「拐子馬」衝過來，中間夾著「鐵浮屠」。這是他訓練了多日的獨門陣勢。岳飛卻毫不驚慌，他讓士兵手持扎馬刀，步行入陣，不許抬頭上看，只管狠砍馬腿。結果「拐子馬」砍倒一個就墜倒一排，沒過多久就倒下一大片。幾個回合下來，金兵全亂了陣腳。兀朮大敗，逃回營中，為他的「拐子馬」放聲大哭。郾城大捷後，岳家軍又在臨潁、潁昌等地與金軍交鋒。岳家軍人數雖少，但無不以一當十，幾次把兀朮打

得大敗。岳飛乘勝進軍
到離汴京45里的朱仙鎮，
再次打敗金軍。兀朮逃進汴
京，連聲哀嘆：「撼山易，撼岳家
軍難！」

　　這幾場戰鬥滅了兀朮的威風，長了岳飛的志氣。金軍聞風喪膽，人心渙散。

這是抗金形勢空前大好的時候，岳飛滿懷豪情，發誓要「痛飲黃龍府」，他給宋高宗寫了奏疏，請求繼續北伐。可是他收到的，卻是讓他班師回朝的金牌！他嚇呆了，馬上又寫奏章請求北上。但是，高宗在一天之內連發12道金牌，讓驛使快馬加鞭送達岳飛手中，催促他班師。

　　岳飛手捧金牌，滿腔悲憤。他明白，一旦撤軍，收復大好河山的事業就徹底斷送了。可是君命不可違，岳飛不由得熱淚長流，發出絕望的哀嘆：「十年之功，毀於一旦！所得州郡，一朝全休！社稷江山，難以中興，乾坤世界，無由再復！」他心情沮喪地帶軍向南撤退。老百姓知道後全都失聲痛哭，紛紛跪在馬前，請求他不要走。岳飛又痛苦又慚愧，只得含淚把朝廷的金牌給大家看。

　　　　岳飛一撤，兀朮又舉兵南下，將岳飛攻佔過的州縣全都奪了回去。接著又開始南侵，從淮北一直攻向淮南。

原來，讓岳飛班師是秦檜的主意。南宋宰相秦檜是金朝的奸細。西元1127年，金兵擄走宋徽宗、宋欽宗和皇族、百官時，秦檜夫妻也被押北去。亡國君臣的處境十分悲慘，甚至比奴隸還不如。秦檜賣力地討好金人，終於獲得信任。金將撻懶讓他帶上徽宗的手書，領著老婆回到南宋，任務是勸宋高宗早日投降稱臣。宋高宗是個沒骨氣的人，一心想跟金人講和，正苦於找不到門路，可巧秦檜了解那邊的情況，於是讓他做了宰相。

　　岳飛的勝利，成了秦檜賣國投降的障礙。宋高宗見岳飛屢立戰功，恐怕他居功自傲，威脅朝廷，也想解除他的兵權。於是，一樁明目張膽地迫害忠良的罪惡勾當開始了。

　　岳飛一回到京城臨安，就被奪去兵權。秦檜和宋高宗立即派使臣去跟金人講和，條件是南宋向金國稱臣，割讓大片土地，每年進貢白銀25萬兩，絹25萬匹。

這樣，兀朮還很不滿意，又給秦檜寫信說：「你天天喊議和，但岳飛卻不忘北上，和大金王朝過不去。你必須除掉岳飛，否則就別想議和！」秦檜準備向岳飛下毒手，可是琢磨了好久，就是想不出給岳飛定罪的理由，於是讓他的親信們去想辦法，還說最好能從岳飛部將的身上下手。

秦檜的同黨張俊接受任務後，挖空心思要從岳家軍中找出個叛徒，最後找到張憲手下的副統制王俊。王俊接受了骯髒的銀子，和張俊的手下人一起編了個十分荒唐的故事，誣陷張憲想發動兵變，幫助岳飛奪回兵權，還說岳雲也參與了此事。

秦檜就根據這些誣告，先後逮捕了張憲和岳飛父子，用酷刑折磨，想逼迫他們承認有謀反的念頭。可是三人雖然受盡了酷刑，卻始終不承認強加在頭上的罪名。岳飛還憤怒地脫掉衣服，露出母親爲他刺在背上的「精忠報國」四個字，給審案的御史中丞何鑄（音ㄓㄨˋ）看。何鑄又看了王俊的狀子和一些所謂的證詞，發現全是謊言，就去找秦檜，要求撤掉這個案子。

秦檜很不高興，撤了何鑄的職，讓親信萬俟卨（音ㄇㄛˋ ㄑㄧˊ）接手去審。可是，儘管萬俟卨十分賣力，使盡各種惡毒手段，也沒能使岳飛屈服。

案子審了好久沒有結果，許多朝臣和百姓都替岳飛喊冤。老將韓世忠還當面質問秦檜，要他拿出岳飛父子謀反的眞憑實據。秦檜吞吞吐吐地說：「這件事莫須有（或許有）吧？」韓世忠大怒說：「『莫須有』三個字怎能讓天下人信服！」到了紹興十一年（西元1141年）除夕，秦檜還是沒辦法讓岳飛認罪，心裡悶悶不樂。他的老婆王氏說：「縛虎容易放虎難。怎樣抓來的就怎樣殺掉不就完了？」

秦檜茅塞頓開，馬上密令萬俟卨去辦理。萬俟卨讓岳飛在事先編好的供詞上畫押。岳飛什麼也沒說，只寫了「天理昭昭，天理昭昭」8個字，表示自己強烈的抗議。然後，他被押到風波亭，喝下「御賜」的毒酒，含冤死去。岳雲和張憲隨之也被處死了。

這一年，岳飛才39歲。

岳飛被偷偷殺害的消息傳出，臨安的百姓悲憤異常，許多人放聲大哭。人們沒心思過年了，都在家門前擺上香案，把原來供奉給神仙或祖先的東西拿來祭祀岳飛。

20多年後，宋孝宗將岳飛平反，追封岳飛爲「鄂（音ㄜˋ）王」，還在臨安西湖邊給岳飛修了一座廟，供後人憑弔紀念。

123

鐵骨丹心文天祥

當宋金兩國打得天翻地覆時，北方的蒙古族還處在游牧時期，經濟文化十分落後。西元1206年，成吉思汗打敗了所有對手，建立了統一的大蒙古國，蒙古族迅速強大起來。

西元1230年，蒙古軍派人到南宋，商議蒙、宋聯合滅金的事。一向對金人低三下四的南宋此時雖然內部腐敗成風，奸臣當道，卻對聯蒙滅金很感興趣，遂派大軍與蒙古軍會師。西元1234年初，在蒙宋兩軍南北夾擊下，金主無路可逃，拔刀自殺。金朝滅亡了。

蒙古人吞掉大金國之後，立刻就把南宋定為下一個滅亡的目標。西元1271年，忽必烈將蒙古國都遷至大都（今北京），立國號為「元」，自稱皇帝（即元世祖），開始對南宋大舉進攻。

西元1274年，元軍長驅直入，逼近南宋的都城臨安。這時宋朝在位的皇帝是年僅4歲的宋恭帝，由謝太后聽政。聽說元軍來了，朝中一片驚慌，大臣接二連三悄悄逃跑，往日森嚴莊重的朝廷變得門可羅雀，謝太后升殿後竟沒有一個大臣上朝；詔令各地起兵救援京城，也很少有人回應。皇帝和太后孤兒寡母、只能相對落淚。

文天祥是科場狀元，這時任贛州知州，得知京都危在旦夕，他立即捐出全部家產，招募了3萬多人馬，親自率領，要去挽救危局。朋友為他擔憂，勸他說：「元軍分3路進攻，氣勢洶洶。你領著幾萬名烏合之眾去抵擋，不等於趕著羊群去對抗猛虎嗎？」

文天祥回答說：「我何嘗不知道這些。但國家養兵多年，到危急時卻沒有一兵

一卒可用，這太讓人氣憤了！我之所以挺身而出，就是準備犧牲自己，希望以此激勵天下志士，起來保衛國家。」

　　文天祥趕到臨安，和另一個愛國將領張世傑一起，向南宋朝廷建議集中兵力迎戰元軍。右丞相陳宜中卻不敢接受這個建議。這時元軍離臨安只有30里路程了，謝太后只得派人去獻玉璽，請求投降。可是元軍大將伯顏一定要南宋丞相來談。陳宜中不願當亡國的罪魁禍首，偷偷溜掉了。張世傑不肯輕

易投降，乘船出海
去了。

　　派誰去談判呢？謝太后
急得心如火燒時，文天祥站出來
說：「我去！」於是，謝太后讓文天
祥接替陳宜中右丞相的職位，代表朝廷去與元軍談判。文天祥來到伯
顏的大營，他斥責元軍無理侵犯宋朝，要求元軍退到平江或嘉興，以表示和談的誠意，
並警告說：「如果元人一定要亡我大宋，南方軍民會誓死抵抗到底！」

　　伯顏本來以爲宋朝連傳國玉璽都交了，文天祥只能談投降的條件，沒料到他竟要求
元軍撤退，不由得發怒說：「文丞相，別忘了你是在什麼地方，你是來幹什麼的！宋朝
不中用了，我勸你還是歸順大元爲好。」文天祥說：「我是宋朝的狀元、丞相，只求一
死報國。我不知道什麼叫歸順！」

伯顏見文天祥鐵骨錚錚，氣度非凡，心裡
很佩服，卻也明白他對元朝來說是個危險人物，於是把他扣留住，只放
他的隨從回去，催促南宋朝廷趕緊投降。

西元1276年春天，臨安使臣向伯顏送上了投降書。元軍開進臨安，把南宋君臣連同
官府收藏的各種寶物收拾一空，運往大都。至此，南宋王朝實際上已經滅亡了。

文天祥也被押往大都，途中他趁元軍不注意逃了出來。他歷盡千辛萬苦來到福州，
找到了陸秀夫等南宋大臣新立的小皇帝趙昺（音 ㄅ一ㄥˇ），同時被任命爲右丞相，立即開始
組織抗元行動。

文天祥領導數萬兵馬在江西與元軍決一死戰，結果大敗元軍，收復了贛州，一時名
聲大振。元朝急忙調兵反攻，文天祥退到潮州。有一天，他們正在埋鍋做飯，不料被元
軍偷偷包圍。文天祥不幸被俘。元軍統帥張弘範逼他給其他抗元將領寫信，讓他們放棄

抗戰，歸順元朝。文天祥笑
笑說：「我不能救自己的父
母，已經是罪過，怎麼會
勸別人背叛父母呢！」

　　西元1279年正月，張弘範押著文天祥，乘船去攻打退
守到崖山的宋帝。途經零丁洋時，文天祥寫下了傳誦千古的詩句：「人生自古誰無死，
留取丹心照汗青。」

　　崖山失守後，陸秀夫背起小皇帝趙昺，跳進了茫茫大海。張弘範舉行慶功宴會，特
地請來文天祥，不無懇切地說：「宋朝徹底完了，丞相已盡了一腔忠孝。只要你回心轉
意，我朝也會任你為宰相。」文天祥流著淚說：「國破家亡，我不能挽回時局，死也不
足以抵罪，又怎麼能苟且偷生，當你們的官呢？」

張弘範敬重文天祥是錚錚鐵漢，也不為難他，只派人將他押往大都。在路上，文天祥曾絕食8天，竟然沒死。到大都後，他被安排在賓館裡，好好招待。宋朝的叛徒來勸降，被他罵得抬不起頭來。蒙古人只好把他移到兵馬司衙門，戴上了手銬腳鐐。

　　一天，元朝丞相博羅提審文天祥，讓他下跪。文天祥不從。博羅便命令手下人強迫他，文天祥就是不肯彎曲自己的身體，昂首說道：「國家有興有亡，大臣命運不同。我是宋朝臣子，既然失敗，只求早死。讓我屈服，休想！」

　　博羅通曉古今，能言善辯，卻始終說不服文天祥，他惱羞成怒地說：「你要死，我偏不叫你死，一直關下去，看你怎麼樣！」於是他把文天祥關進一間低矮潮濕、又髒又臭的牢房。文天祥在這裡度過了3年，被折磨得不成人形，卻寫下了驚天地、泣鬼神的《正氣歌》。

　　文天祥成了一面旗幟，對反元的群眾具有極大的號召力。因此，元世祖忽必烈親自對他進行了最後一次勸降，再次遭到拒絕後，決定殺死他。

　　西元1283年，在大都的柴市刑場，文天祥問清方向，朝南拜了幾拜後，從容就義。

圖說歷史故事——隋唐五代兩宋

發 行 人	林敬彬
主　　編	康　琳
策　　劃	康　琳、胡　剛
編　　寫	陳金華
繪　　畫	楊學成
校　　對	蔡穎如
封面繪畫	楊學成
封面構成	泰飛堂設計
內頁編排	泰飛堂設計

出　　版	大旗出版　行政院新聞局北市業字第1688號
發　　行	大都會文化事業有限公司
	110台北市信義區基隆路一段432號4樓之9
	讀者服務專線：（02）27235216
	讀者服務傳真：（02）27235220
	電子郵件信箱：metro@ms21.hinet.net
	網　　　址：www.metrobook.com.tw

郵政劃撥	14050529　大都會文化事業有限公司
出版日期	2007年8月初版一刷
定　　價	250元

ＩＳＢＮ	978-957-8219-65-6
書　　號	大旗藏史館　History08

Metropolitan Culture Enterprise Co., Ltd.
4F-9, Double Hero Bldg., 432, Keelung Rd., Sec. 1,
Taipei 110, Taiwan
Tel:+886-2-2723-5216　Fax:+886-2-2723-5220
E-mail:metro@ms21.hinet.net
Web-site:www.metrobook.com.tw

國家圖書館出版品預行編目資料

圖說歷史故事先秦 / 陳金華 編寫. 楊學成　繪.
— 初版. — 臺北市：大旗出版：大都會文化
發行，2007[民96]
　　面；　　公分.—（大旗藏史館；8 ）
ISBN 978-957-8219-65-6（平裝）
1.中國—歷史—通俗作品
610.9　　　　　　　　　　　　　　96008405

大都會文化　總書目

■度小月系列

路邊攤賺大錢【搶錢篇】	280元	路邊攤賺大錢2【奇蹟篇】	280元
路邊攤賺大錢3【致富篇】	280元	路邊攤賺大錢4【飾品配件篇】	280元
路邊攤賺大錢5【清涼美食篇】	280元	路邊攤賺大錢6【異國美食篇】	280元
路邊攤賺大錢7【元氣早餐篇】	280元	路邊攤賺大錢8【養生進補篇】	280元
路邊攤賺大錢9【加盟篇】	280元	路邊攤賺大錢10【中部搶錢篇】	280元
路邊攤賺大錢11【賺翻篇】	280元	路邊攤賺大錢12【大排長龍篇】	280元

■DIY系列

路邊攤美食DIY	220元	嚴選台灣小吃DIY	220元
路邊攤超人氣小吃DIY	220元	路邊攤紅不讓美食DIY	220元
路邊攤流行冰品DIY	220元	路邊攤排隊美食DIY	220元

■流行瘋系列

跟著偶像FUN韓假	260元	女人百分百：男人心中的最愛	180元
哈利波特魔法學院	160元	韓式愛美大作戰	240元
下一個偶像就是你	180元	芙蓉美人泡澡術	220元
Men力四射：型男教戰手冊	250元	男體使用手冊：35歲+♂保健之道	250元

■人物誌系列

現代灰姑娘	199元	黛安娜傳	360元
船上的365天	360元	優雅與狂野：威廉王子	260元
走出城堡的王子	160元	殞逝的英格蘭玫瑰	260元
貝克漢與維多利亞：新皇族的真實人生	280元	幸運的孩子：布希王朝的真實故事	250元
瑪丹娜：流行天后的真實畫像	280元	紅塵歲月：三毛的生命戀歌	250元
風華再現：金庸傳	260元	俠骨柔情：古龍的今生今世	250元
她從海上來：張愛玲情愛傳奇	250元	從間諜到總統：普丁傳奇	250元
脫下斗篷的哈利：丹尼爾‧雷德克里夫	220元	蛻變：章子怡的成長紀實	260元
強尼戴普：可以狂放叛逆，也可以柔情感性	280元	棋聖 吳清源	280元

■心靈特區系列

每一片刻都是重生	220元	給大腦洗個澡	220元
成功方與圓：改變一生的處世智慧	220元	轉個彎路更寬	199元
課本上學不到的33條人生經驗	149元	絕對管用的38條職場致勝法則	149元
從窮人進化到富人的29條處事智慧	149元	成長三部曲	299元
心態：成功的人就是和你不一樣	180元	當成功遇見你：迎向陽光的信心與勇氣	180元
改變，做對的事	180元	智慧沙	199元
課堂上學不到的100條人生經驗	199元	不可不防的13種人	199元
不可不知的職場叢林法則	199元	打開心裡的門窗	200元
不可不慎的面子問題	199元	交心：別讓誤會成為拓展人脈的絆腳石	199元
方圓道	199元		

■生活大師系列

遠離過敏:打造健康的居家環境	280元	這樣泡澡最健康: 紓壓、排毒、瘦身三部曲	220元
兩岸用語快譯通	220元	台灣珍奇廟:發財開運祈福路	280元
魅力野溪溫泉大發見	260元	寵愛你的肌膚:從手工香皂開始	260元
舞動燭光:手工蠟燭的綺麗世界	280元	空間也需要好味道: 打造天然香氛的68個妙招	260元
雞尾酒的微醺世界: 調出你的私房Lounge Bar風情	250元	野外泡湯趣: 魅力野溪溫泉大發見	260元
肌膚也需要放輕鬆: 徜徉天然風的43項舒壓體驗	260元	辦公室也能做瑜珈: 上班族的紓壓活力操	220元
別再說妳不懂車: 男人不教的Know How	249元	一國兩字:兩岸用語快譯通	200元
宅典	288元		

■寵物當家系列

Smart養狗寶典	380元	Smart養貓寶典	380元
貓咪玩具魔法DIY: 讓牠快樂起舞的55種方法	220元	愛犬造型魔法書: 讓你的寶貝漂亮一下	260元
漂亮寶貝在你家:寵物流行精品DIY	220元	我的陽光·我的寶貝:寵物真情物語	220元
我家有隻麝香豬:養豬完全攻略	220元	SMART養狗寶典(平裝版)	250元
生肖星座招財狗	200元	SMART養貓寶典(平裝版)	250元
SMART養兔寶典	280元		

■SUCCESS 系列

七大狂銷戰略	220元	打造一整年的好業績	200元
超級記憶術:改變一生的學習方式	199元	管理的鋼盔: 商戰存活與突圍的25個必勝錦囊	200元
搞什麼行銷:152個商戰關鍵報告	220元	精明人總明人明白人: 態度決定你的成敗	200元
人脈=錢脈: 改變一生的人際關係經營術	180元	週一清晨的領導課	160元
搶救貧窮大作戰の48條絕對法則	220元	搜驚‧搜精‧搜金:從Google 的致富傳奇中,你學到了什麼?	199元
絕對中國製造的58個管理智慧	200元	客人在哪裡?: 決定你業績倍增的關鍵細節	200元
殺出紅海: 漂亮勝出的104個商戰奇謀	220元	商戰奇謀36計:現代企業生存寶典 I	180元
商戰奇謀36計:現代企業生存寶典 II	180元	商戰奇謀36計:現代企業生存寶典 III	180元
幸福家庭的理財計畫	250元	巨賈定律:商戰奇謀36計	498元
有錢真好:輕鬆理財的十種態度	200元	創意決定優勢	180元
我在華爾街的日子	220元	贏在關係: 勇闖職場的人際關係經營術	180元
買單!一次就搞定的談判技巧	199元	你在說什麼?: 39歲前一定要學會的66種溝通技巧	220元

■都會健康館系列

秋養生:二十四節氣養生經	220元	春養生:二十四節氣養生經	220元
夏養生:二十四節氣養生經	220元	冬養生:二十四節氣養生經	220元
春夏秋冬養生套書	699元	寒天:O卡路里的健康瘦身新主張	200元
地中海纖體美人湯飲	220元	居家急救百科	399元

■CHOICE系列

入侵鹿耳門	280元	蒲公英與我：聽我說說畫	220元
入侵鹿耳門（新版）	199元	舊時月色（上輯＋下輯）	各180元
清塘荷韻	280元	飲食男女	200元

■FORTH系列

印度流浪記：滌盡塵俗的心之旅	220元	胡同面孔：古都北京的人文旅行地圖	280元
尋訪失落的香格里拉	240元	今天不飛：空姐的私旅圖	220元
紐西蘭奇異國	200元	從古都到香格里拉	399元
馬力歐帶你瘋台灣	250元	瑪杜莎艷遇鮮境	180元

■大旗藏史館

大清皇權遊戲	250元	大清后妃傳奇	250元
大清官宦沉浮	250元	大清才子命運	250元
開國大帝	220元	圖說歷史故事：先秦	250元
圖說歷史故事：秦漢魏晉南北朝	250元	圖說歷史故事：隋唐五代兩宋	250元

■大都會運動館

野外求生寶典：活命的必要裝備與技能	260元	攀岩寶典：安全攀登的入門技巧與實用裝備	260元
風浪板寶典：駕馭的入門指南與技術提升	260元	登山車寶典：鐵馬騎士的駕馭技術與實用裝備	260元

■大都會手作館

樂活，從手作香皂開始	220元	Home Spa & Bath： 玩美女人肌膚的水嫩體驗	250元

■大都會休閒館

賭城大贏家：逢賭必勝祕訣大揭露	240元	旅遊達人： 行遍天下的109個Do&Don't	250元
萬國旗之旅	240元		

■BEST系列

人脈＝錢脈：改變一生的人際關係經 營術(典藏精裝版)	199元	超級記憶術： 改變一生的學習方式(典藏精裝版)	220元

■FOCUS系列

中國誠信報告	250元	中國誠信的背後	250元
誠信：中國誠信報告	250元		

■禮物書系列

印象花園 梵谷	160元	印象花園 莫内	160元
印象花園 高更	160元	印象花園 竇加	160元
印象花園 雷諾瓦	160元	印象花園 大衛	160元
印象花園 畢卡索	160元	印象花園 達文西	160元
印象花園 米開朗基羅	160元	印象花園 拉斐爾	160元
印象花園 林布蘭特	160元	印象花園 米勒	160元
絮語說相思 情有獨鍾	200元		

■工商管理系列

二十一世紀新工作浪潮	200元	化危機為轉機	200元
美術工作者設計生涯轉轉彎	200元	攝影工作者快門生涯轉轉彎	200元
企劃工作者動腦生涯轉轉彎	220元	電腦工作者滑鼠生涯轉轉彎	200元
打開視窗說亮話	200元	文字工作者撰錢生活轉轉彎	220元
挑戰極限	320元	30分鐘行動管理百科（九本盒裝套書）	799元
30分鐘教你自我腦內革命	110元	30分鐘教你樹立優質形象	110元
30分鐘教你錢多事少離家近	110元	30分鐘教你創造自我價值	110元
30分鐘教你Smart解決難題	110元	30分鐘教你如何激勵部屬	110元
30分鐘教你掌握優勢談判	110元	30分鐘教你如何快速致富	110元
30分鐘教你提昇溝通技巧	110元		

■精緻生活系列

女人窺心事	120元	另類費洛蒙	180元
花落	180元		

■CITY MALL系列

別懷疑！我就是馬克大夫	200元	愛情詭話	170元
唉呀！真尷尬	200元	就是要賴在演藝圈	180元

■親子教養系列

孩童完全自救寶盒（五書+五卡+四卷錄影帶）	3,490元（特價2,490元）
孩童完全自救手冊：這時候你該怎麼辦（合訂本）	299元
我家小孩愛看書:Happy 學習 easy go!	220元
天才少年的5種能力	280元
哇塞！你身上有蟲！：學校忘了買、老師不敢教，史上最髒的科學書	250元

關於買書：

1. 大都會文化的圖書在全國各書店及誠品、金石堂、何嘉仁、搜主義、敦煌、紀伊國屋、諾貝爾等連鎖書店均有販售，如欲購買本公司出版品，建議你直接洽詢書店服務人員以節省您寶貴時間，如果書店已售完，請撥本公司各區經銷商服務專線洽詢。
   北部地區：(02)29007288 桃竹苗地區：(03)2128000 中彰投地區：(04)27081282
   雲嘉地區：(05)2354380 臺南地區：(06)2642655 高雄地區：(07)3730087
   屏東地區：(08)7376441
2. 到以下各網路書店購買：
   大都會文化網站（http://www.metrobook.com.tw）
   博客來網路書店（http://www.books.com.tw）
   金石堂網路書店（http://www.kingstone.com.tw）
3. 到郵局劃撥：
   戶名：大都會文化事業有限公司　　帳號：14050529
4. 親赴大都會買書可享8折優惠。

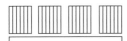

大旗出版
BANNER PUBLISHING

圖說歷史故事

隋唐五代兩宋

北 區 郵 政 管 理 局
登記證北台字第9125號
免　貼　郵　票

大都會文化事業有限公司
讀者服務部收
110　台北市基隆路一段432號4樓之9

寄回這張服務卡(免貼郵票)
您可以：
　◎不定期收到最新出版訊息
　◎參加各項回饋優惠活動

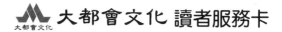

大都會文化 讀者服務卡

書名：圖說歷史故事—隋唐五代兩宋

謝謝您選擇了這本書！期待您的支持與建議，讓我們能有更多聯繫與互動的機會。

A. 您在何時購得本書：____年____月____日
B. 您在何處購得本書：_____書店，位於_____(市、縣)
C. 您從哪裡得知本書的消息：1.□書店 2.□報章雜誌 3.□電台活動 4.□網路資訊
　　5.□書籤宣傳品等 6.□親友介紹 7.□書評 8.□其他_____
D. 您購買本書的動機：（可複選）1.□對主題或內容感興趣 2.□工作需要 3.□生活需要
　　4.□自我進修 5.□內容為流行熱門話題 6.□其他_____
E. 您最喜歡本書的（可複選）：1.□內容題材 2.□字體大小 3.□翻譯文筆 4.□封面
　　5.□編排方式 6.□其他
F. 您認為本書的封面：1.□非常出色 2.□普通 3.□毫不起眼 4.□其他_____
G. 您認為本書的編排：1.□非常出色 2.□普通 3.□毫不起眼 4.□其他_____
H. 您通常以哪些方式購書：(可複選)1.□逛書店 2.□書展 3.□劃撥郵購 4.□團體訂購
　　5.□網路購書 6.□其他_____
I. 您希望我們出版哪類書籍：（可複選）
　　1.□旅遊 2.□流行文化 3.□生活休閒 4.□美容保養 5.□散文小品
　　6.□科學新知 7.□藝術音樂 8.□致富理財 9.□工商企管 10.□科幻推理
　　11.□史哲類 12.□勵志傳記 13.□電影小說 14.□語言學習（　　語）
　　15.□幽默諧趣 16.□其他_____
J. 您對本書(系)的建議：_____
_____
K. 您對本出版社的建議：_____
_____

讀者小檔案

姓名：_____　　性別：□男 □女　生日：____年____月____日

年齡：□20歲以下□21～30歲□31～40歲□41～50歲□51歲以上

職業：1.□學生 2.□軍公教 3.□大眾傳播 4.□服務業 5.□金融業 6.□製造業
　　　7.□資訊業 8.□自由業 9.□家管 10.□退休 11.□其他 _____

學歷：□ 國小或以下 □ 國中 □ 高中／高職 □ 大學／大專 □ 研究所以上

通訊地址 _____

電話：（H）_____　（O）_____　傳真：_____

行動電話：_____　E-Mail：_____

❖謝謝您購買本書，也歡迎您加入我們的會員，請上大都會網站www.metrobook.com.tw 登
　錄您的資料。您將不定期收到最新圖書優惠資訊和電子報。

唐三藏